Dunkle Psychologie

Von einem Ex-CIA-Agenten: Alles, was Sie über verdeckte Manipulationstechniken wissen müssen & wie Sie sich vor ihnen schützen können.

Harold Fox

© Copyright Harold Fox 2021 – Alle Rechte vorbehalten.

Der in diesem Buch enthaltene Inhalt darf ohne direkte schriftliche Genehmigung des Autors oder des Herausgebers nicht reproduziert, vervielfältigt oder übertragen werden.

Unter keinen Umständen kann der Herausgeber oder der Autor für Schäden, Wiedergutmachung oder finanzielle Verluste aufgrund der in diesem Buch enthaltenen Informationen verantwortlich gemacht werden, weder direkt noch indirekt.

Rechtlicher Hinweis:

Dieses Buch ist urheberrechtlich geschützt. Dieses Buch ist nur für den persönlichen Gebrauch bestimmt. Sie dürfen den Inhalt dieses Buches nicht ohne die Zustimmung des Autors oder des Herausgebers verändern, verteilen, verkaufen, verwenden, zitieren oder paraphrasieren.

Hinweis zum Haftungsausschluss:

Mit der Lektüre dieses Dokuments erklärt sich der Leser damit einverstanden, dass der Autor unter keinen Umständen für direkte oder indirekte Verluste verantwortlich ist, die durch die Nutzung der in diesem Dokument enthaltenen Informationen entstehen, einschließlich, aber nicht beschränkt auf Fehler, Auslassungen oder Ungenauigkeiten.

Inhalt

Einleitung 1

Kapitel 1: Was ist dunkle Psychologie? 5

Herkömmliche im Vergleich zu dunkler Psychologie 5

Kapitel 2: Drei Gesichter der dunklen Psychologie 13

Narzissmus 15

    Anzeichen von Narzissmus 18

Machiavellismus 23

    Anzeichen von Machiavellismus 28

Psychopathie 31

    Anzeichen von Psychopathie 34

    Erkennen von Merkmalen der Dunklen Triade 35

    Umgang mit Menschen mit Charakterzügen der Dunklen Triade 38

Kapitel 3: Manipulationstechniken der dunklen Psychologie 52

Gaslighting 53

    Wie Gaslighting abläuft 55

    Gaslighting und Narzissmus 58

Gehirnwäsche 60

    Schritte der Gehirnwäsche 64

Hypnose 77

    Empfänglichkeit 78

    Induktion 79

Suggestion 81

Emotionale Erpressung 82

Wie emotionale Erpressung abläuft.......................83

Arten von emotionaler Erpressung 90

Kategorien von emotional manipulativem Verhalten 92

Kapitel 4: Die Auswirkungen des dunklen psychologischen Missbrauchs.. 96

Geistige Probleme...98

Verhaltensprobleme 99

Seelische Probleme 100

Kapitel 5: Anzeichen dafür, dass Sie manipuliert werden......... 103

Warnzeichen für Gaslighting 105

Anzeichen für Gaslighting in Beziehungen............ 105

Anzeichen für Gaslighting am Arbeitsplatz............ 109

Anzeichen für Gaslighting bei Kindern 111

Typische Beispiele für Gaslighting 114

Fragen, die Sie stellen sollten, um zu wissen, ob Sie Opfer von Gaslighting sind.. 118

Anzeichen für Gehirnwäsche 121

Anzeichen von Hypnose.. 122

Anzeichen von Psychopathie 125

Anzeichen für emotionale Erpressung 126

Andere Anzeichen für emotionale Manipulation.................. 128

Anzeichen für Manipulation in Ihrer Freundschaft 130

Anzeichen für Manipulation in Ihrer Beziehung.................. 134

Kapitel 6: Sich vor dunkler Psychologie schützen 141

Sich selbst vor Narzissmus schützen 142

Sich selbst vor Machiavellismus schützen 151

Sich selbst vor Psychopathie schützen 155

Sich selbst vor Gaslighting schützen... 157

Sich selbst vor Gehirnwäsche schützen.. 163

Sich selbst vor emotionalen Erpressern schützen 169

Fazit 172

Einleitung

Als ehemaliger CIA-Agent war ich ein so genannter Operations Officer, oder was Sie vielleicht als "CIA-Agent" kennen. Als Operations Officer verbrachte ich die meiste Zeit meiner Karriere in mehrjährigen Einsätzen an verschiedenen Orten in Übersee. Zu meinen Aufgaben gehörte es, das Vertrauen bestimmter Personen zu gewinnen und nach Informationen oder "Geheimdienstinformationen" zu suchen, die Aufschluss darüber geben können, was andere Regierungen vorhaben. Normalerweise kann dieser Vorgang Jahre dauern, und oft gehören Lügen, Manipulation und andere dunkle psychologische Techniken dazu, um das zu erreichen, worauf man aus ist.

Machen Sie sich Gedanken zu folgenden Fragen: Warum sollte ein Informant Ihnen die Informationen geben, die Sie suchen, und dabei seine eigene Sicherheit und die seiner Familie aufs Spiel setzen? Was treibt ihn dazu, sich auf Ihre Seite zu schlagen? Welche Vorteile können Sie ihm bieten, die seine Loyalität zu seinem eigenen Land übertreffen?

Um diese Fragen für den Informanten zu beantworten und ihn zu überzeugen, müssen häufig Manipulationen und Lügen eingesetzt werden. Manchmal wird ein Informant sogar emotional erpresst, damit er Ihren Wünschen nachkommt.

Viele Menschen leben in der falschen Annahme, dass dunkle Psychologie nicht existiert oder dass, wenn sie existiert, sie nicht wirklich ein Problem darstellt, mit dem sie sich auseinandersetzen müssen. Als ehemaliger CIA-Agent bin ich jedoch anderer Meinung; ich habe zu viele dunkle psychologische Manipulationen erlebt, um zu wissen, dass es sie gibt.

Dunkle Psychologie hat es schon immer auf der Welt gegeben. Es gibt immer diejenigen, die nach den Schwächen in anderen suchen, um sich selbst Vorteile zu verschaffen. Diese Menschen benutzen Lügen, Überredung, Gaslighting und andere Formen der Manipulation, um zu bekommen, was sie wollen.

Zu glauben oder zu denken, dass es die dunkle Psychologie nicht gibt, führt dazu, dass viele Menschen ihren Einflüssen unterworfen sind und ausgenutzt werden. Zugegebenermaßen gibt es eine Vielzahl von Prinzipien und Ideen in der Welt der dunklen Psychologie. Indem Sie jedoch etwas über sie lernen, werden Sie in der Lage sein, auf der Hut zu sein vor jedem, der versucht, dunkle psychologische Techniken gegen Sie zu verwenden.

Wenn Sie oder jemand, der Ihnen nahe steht, irgendeine Form von emotionalem Trauma im Zusammenhang mit dunkler Psychologie erlitten haben oder wenn Sie vielleicht gerade die Auswirkungen dunkler Psychologie erleben, dann empfehle ich Ihnen dringend, dieses Buch zu lesen. Auch wenn Sie noch nie irgendeine Form von dunkler Psychologie erlebt haben, schadet es nicht, dieses Buch zu lesen, damit Sie mit dem erforderlichen Wissen ausgestattet werden, um sich gegen die ruchlosen Machenschaften der dunklen Psychologie zu schützen. Dieses Buch bricht das komplexe Phänomen der dunklen Psychologie auf die einfachsten Begriffe herunter – wissend, dass Sie vielleicht nicht mit jedem der Konzepte vertraut sind.

Dunkle Psychologie ist nichts Neues; daher enthält dieses Buch auch keine bahnbrechenden Entdeckungen. Allerdings gibt es eine Menge Informationen über dunkle Psychologie, die meist in kaum verständliches Psychogeschwätz gehüllt sind, das Sie eher ratlos als aufgeklärt zurücklässt. Daher leistet dieses Buch einen wirkungsvollen Beitrag zur Entzauberung der dunklen Psychologie und stattet Sie mit dem Wissen aus, das Sie verwenden können, um sich gegen ihre ruchlosen Techniken zu schützen.

Das Anliegen dieses Buches ist einfach; das letztendliche Ziel ist es, Ihnen zu helfen, etwas über dunkle Psychologie zu lernen und wie Sie sich gegen ihre ruchlosen Praktiken schützen können. Dieses Buch enthält keinen Schnickschnack und keine ausgefeilten Beispiele, die die Seiten füllen sollen; es enthält vielmehr präzise Informationen über die verschiedenen Konzepte, die in diesem Buch behandelt werden. Nach der Lektüre dieses Buches sind Sie in der Lage, die Praktiken der dunklen Psychologie zu erkennen sowie Möglichkeiten, wie Sie sich vor solchen Praktiken schützen können.

Lassen Sie uns daher ohne Umschweife gleich zur Sache kommen.

Kapitel 1: Was ist dunkle Psychologie?

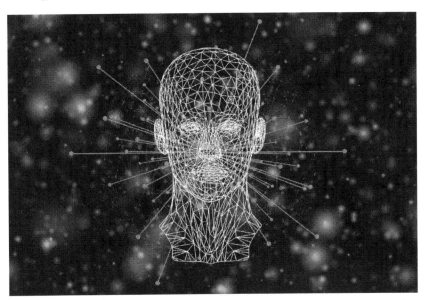

Herkömmliche im Vergleich zu dunkler Psychologie

Im Grunde genommen ist Psychologie oder herkömmliche Psychologie die Wissenschaft von Verstand und Verhalten. Sie bezieht sich auf das Studium des menschlichen Verhaltens mit besonderer Berücksichtigung von Handlungen, Interaktionen und Gedanken.

Praktiker der herkömmlichen Psychologie – auch bekannt als Psychologen – versuchen, die Rolle der geistigen Fähigkeiten im persönlichen und sozialen Verhalten zu erkennen und zu verstehen. Gleichzeitig erforschen sie die körperlichen und biologischen Prozesse, die den geistigen Fähigkeiten und Verhaltensweisen zugrunde liegen. Im Rahmen der herkömmlichen Psychologie erforschen Psychologen Verhalten und geistige Prozesse, einschließlich Wahrnehmung, Erkennungsvermögen, Aufmerksamkeit, Gefühle, Intelligenz, persönliche Erfahrungen, Motivation, Gehirnfunktionen und Persönlichkeit. Dies erstreckt sich auch auf die Wechselbeziehungen zwischen Menschen, wie z. B. zwischenmenschliche Beziehungen, einschließlich psychologischer Belastbarkeit, familiärer Belastbarkeit und anderer Bereiche.

Während psychologisches Wissen oft auf die Beurteilung und Behandlung von psychischen Problemen angewendet wird, ist es auch auf das Verständnis und die Lösung von Problemen in verschiedenen Bereichen des menschlichen Handelns gerichtet.

Letztendlich zielt die Psychologie oder die herkömmliche Psychologie meist auf den Nutzen für die Gesellschaft ab. Die meisten Psychologen sind in der Regel in irgendeiner Art von therapeutischer Rolle tätig; sie arbeiten in klinischen, beratenden oder schulischen Einrichtungen. Viele Psychologen betreiben auch wissenschaftliche Forschung zu einer Vielzahl von Themen, die mit geistigen Abläufen und Verhalten zu tun haben, und sie arbeiten typischerweise in psychologischen Instituten von Universitäten oder lehren in anderen akademischen Einrichtungen – wie Schulen für medizinische Berufe und Krankenhäusern. Einige Psychologen hingegen arbeiten in der Wirtschaft und in Organisationen oder in anderen Gebieten wie der menschlichen Entwicklung und dem Altern, dem Sport, der Gesundheit und den Medien, sowie in der Gerichtsmedizin und anderen Gebieten des Rechts.

Zusammenfassend kann man sagen, dass die herkömmliche Psychologie darauf abzielt, der Gesellschaft als Ganzes zu nützen.

Dunkle Psychologie hingegen ist die Wissenschaft und Kunst der Gedankenkontrolle und Manipulation. Sie bezieht sich auf das Studium des menschlichen Befindens in Bezug auf die angeborene Fähigkeit der Menschen, andere Menschen auszunutzen. Wir alle sind dazu in der Lage, andere Menschen und auch andere Lebewesen zu Opfern zu machen. Während viele von uns dazu neigen, dies zu unterdrücken oder zu verdrängen, entscheiden sich einige Menschen bewusst dafür, entsprechend zu handeln.

Daher besteht das Ziel der dunklen Psychologie als akademisches Studiengebiet darin, zu versuchen, jene Gefühle, Gedanken und Wahrnehmungen zu verstehen, die zu einem Ausbruch von raubtierhaften, rücksichtslosen Verhaltensweisen führen, die das heutige Verständnis der menschlichen Verhaltenspsychologie missachten.

Wie ich bereits erwähnt habe, tragen wir alle die Anlagen zu rücksichtslosem Verhalten in uns. Zu einem bestimmten Zeitpunkt hatten wir alle schon einmal bestimmte Gefühle oder Gedanken, uns unseren Mitmenschen gegenüber grob oder aggressiv zu verhalten. Wenn Sie ehrlich zu sich selbst sein können, werden Sie zugeben, dass auch Sie bereits Gedanken und Gefühle hatten, grauenvolle Handlungen gegen andere Menschen oder vielleicht sogar Tiere begehen zu wollen. Wenn man bedenkt, dass wir uns selbst als eine gutmütige Spezies betrachten, würde man gerne glauben, dass diese dunklen Gedanken und Gefühle in unserer Psyche nicht vorhanden sind. Leider gibt es sie aber doch. Wir alle haben diese Gedanken und/oder Gefühle, aber zum Glück handeln die meisten von uns nie danach.

Aber nur weil Sie und ich nicht nach diesen Impulsen handeln, heißt das nicht, dass andere es nicht tun oder nicht tun werden. Es gibt nämlich Menschen, die diese rücksichtslosen Verhaltensweisen an den Tag legen, ohne dies aus Gründen wie Macht, Geld, Sex, Vergeltung oder einem anderen bekannten Zweck zu tun – sie begehen einfach nur schreckliche Taten ohne erkennbares Ziel. Das sind Menschen, die andere misshandeln und verletzen, nur um des Verletzens willen.

Zusammenfassend lässt sich sagen, dass die herkömmliche Psychologie dazu neigt oder darauf abzielt, der Gesellschaft als Ganzes zu nützen, während die dunkle Psychologie auf der anderen Seite dazu neigt, eigennützig und zerstörerisch für die Gesellschaft zu sein.

Je besser Ihre Vorstellungen von der dunklen Psychologie sind, desto weniger wahrscheinlich werden Sie zum Opfer von menschlichen Raubtieren. Bevor Sie mit den folgenden Kapiteln dieses Buches fortfahren, ist es wichtig, dass Sie zumindest ein minimales Verständnis der dunklen Psychologie haben. Im Folgenden finden Sie drei grundlegende Prinzipien, die Sie kennen müssen, um das Konzept der dunklen Psychologie vollständig zu begreifen:

1. Dunkle Psychologie ist kein eigenständiger Teilbereich der Psychologie; vielmehr handelt es sich im Grunde um Psychologie, die missbräuchlich eingesetzt wird, um ein schadenstiftendes Ziel zu erreichen. Dunkle Psychologie ist im Grunde ein Werkzeug für manipulative Vorgehensweisen; daher ist jeder, der Beeinflussung und/oder Überredung in einer Weise einsetzt, die einer anderen Person schadet, ein dunkler Psychologe.

2. Dunkle Psychologie setzt voraus, dass jeder Mensch die Fähigkeit zu psychischer Gewalt besitzt. Diese ist in allen Menschen vorhanden; verschiedene innere und äußere Einflussfaktoren erhöhen jedoch die Wahrscheinlichkeit, dass diese Fähigkeit zu unberechenbaren Handlungen führt. Dunkle psychologische Verhaltensweisen sind raubtierhafter Natur und können manchmal ohne Grund ausbrechen. Außerdem ist das Phänomen der dunklen

Psychologie ausschließlich eine menschliche Erscheinung und wird von keinem anderen Lebewesen geteilt. Obwohl gewalttätiges Verhalten auch bei anderen Lebewesen existiert, ist der Mensch die einzige Art, die gewalttätige Verhaltensweisen ohne Grund auszuüben kann. Daher kann jeder, mit dem Sie in Kontakt kommen, dunkle psychologische Verhaltensweisen zeigen. Die wohlwollendsten, mitfühlendsten und selbstlosesten Menschen, die Sie kennen, haben schon einmal einen dunklen Impuls gefühlt oder hatten dunkle Gedanken, aber der Großteil von ihnen handelt nie danach.

3. Dunkle Psychologie bezieht sich auf die Fertigkeiten von Menschen, die manipulative Taktiken wie Gaslighting, Gehirnwäsche, Hypnose und emotionale Erpressung einsetzen, nur um ihre egoistischen Wünsche zu erreichen.

Als ehemaliger Strafverfolgungsbeamter, der die dunkle Psychologie in der täglichen Arbeit sowohl erlebt als auch eingesetzt hat, will ich Sie unterstützen, indem ich Ihr Selbstbewusstsein stärke und Sie dazu ermuntere, andere anzuregen, sich weiterzubilden, um zu verhindern, Opfer derjenigen zu werden, die von den Kräften besessen sind, die die dunkle Psychologie erforscht.

Wenn Sie jemals Opfer eines von der dunklen Psychologie gelenkten Täters waren, fühlen Sie sich nicht gedemütigt, wir alle haben irgendwann in unserem Leben irgendeine Form von Übergriffigkeit erlebt. Deshalb war es mir ein Anliegen, dieses Buch zu schreiben, um Ihnen alles zu vermitteln, was Sie über die dunkle Psychologie wissen müssen und wie Sie sich vor ihr schützen können. Das Erlernen und Verstehen der ruchlosen Techniken und Praktiken der dunklen Psychologie wird Sie in die Lage versetzen, ihre Auswirkungen zu erkennen, zu bestimmen und sich vor ihnen zu schützen.

Kapitel 2: Drei Gesichter der dunklen Psychologie

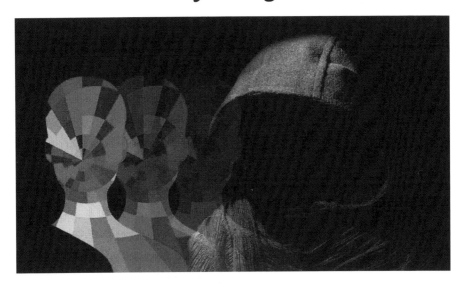

Nun, da Sie wissen, was dunkle Psychologie ist, wird es Zeit, ein wenig tiefer in die Persönlichkeitsmerkmale einzutauchen, die dunkle Psychologie ausmachen. Dunkle Psychologie ist keine einzelne, allgemein gültige medizinische Diagnose, die auf alle Fälle von abweichenden Persönlichkeiten angewendet werden kann. Es gibt nämlich eine Reihe von Möglichkeiten, wie sich die dunkle Psychologie in der psychologischen und verhaltensmäßigen Verfassung einer Person äußern kann. Diese Arten werden in drei große Kategorien eingeteilt, nämlich:

- Narzissmus
- Machiavellismus
- Psychopathie

Die oben genannten Kategorien bilden die so genannte Dunkle Triade, die drei Gesichter der dunklen Psychologie.

Alle drei Ausprägungen der Dunklen Triade sind zwar vom Begriff her unterschiedlich, aber empirische Untersuchungen zeigen, dass es Überschneidungen gibt. Unabhängig davon, ob sie sich ähneln oder unterscheiden, zeichnet sie alle gleichermaßen ein kaltschnäuzig-manipulatives zwischenmenschliches Verhalten aus. Manchmal weisen abnorme Persönlichkeiten mit auffälligen Merkmalen der dunklen Psychologie Aspekte von mehr als einer Ausprägung der dunklen Psychologie auf. Das heißt, ein Narzisst kann auch Elemente des Machiavellismus oder der Psychopathie aufweisen.

Grundsätzlich umfasst Narzissmus Größenwahn, Egoismus und einen ausgeprägten Mangel an Einfühlungsvermögen, während Machiavellismus die Verwendung von Manipulation ist, um Menschen ohne Sinn für Moral auszubeuten und zu betrügen. Psychopathie hingegen ist gekennzeichnet durch andauerndes unsoziales Verhalten, Impulsivität, Egoismus, gefühllose und unemotionale Züge und Unbarmherzigkeit.

Werfen wir einen näheren Blick auf jede Persönlichkeitseigenschaft, damit Sie sie leicht erkennen können, wenn Sie ihr begegnen.

Narzissmus

Der Begriff "Narzissmus" geht auf einen altgriechischen Mythos über einen Jäger namens Narziss zurück. Dem Mythos zufolge sah der junge Mann sein Spiegelbild in einem Wasserbecken, verliebte sich in das Bild seiner selbst und ertrank daraufhin.

In der klinischen Psychologie wurde der Narzissmus als Krankheit von Sigmund Freud eingeführt und wird seither in den offiziellen Diagnosehandbüchern als Beschreibung eines bestimmten Typs einer psychiatrischen Persönlichkeitsstörung geführt.

In der dunklen Psychologie ist Narzissmus ein Zustand, der durch ein übertriebenes Gefühl der Wichtigkeit, ein übermäßiges Bedürfnis nach Aufmerksamkeit, einen Mangel an Einfühlungsvermögen und, als Folge davon, gestörte

Beziehungen gekennzeichnet ist. Häufig zeigen Narzissten nach außen hin ein extrem hohes Maß an Selbstvertrauen, aber dies ist eine Fassade, hinter der sich meist ein sehr zerbrechliches Ego und ein hohes Maß an Überempfindlichkeit gegenüber Kritik verbirgt.

Ein Narzisst hat in der Regel ein sehr positives Bild von sich selbst – was dazu führt, dass er erwartet, dass andere Menschen ihm Gefallen erweisen und ihn besonders behandeln. Wenn Menschen dies jedoch nicht tun, führt die Enttäuschung in der Regel zu Problemen, die sich auf alle Lebensbereiche des Narzissten erstrecken können, einschließlich persönlicher Beziehungen, beruflicher Beziehungen und auch finanzieller Angelegenheiten.

Als Teil der Dunklen Triade gehen Menschen, die Züge der Narzisstischen Persönlichkeitsstörung (NPD) aufweisen, möglicherweise Beziehungen ein, die durch einen Mangel an Einfühlungsvermögen gekennzeichnet sind. Zum Beispiel könnte ein Narzisst ständig Kommentare, Aufmerksamkeit und Bewunderung von seinem Partner verlangen, scheint aber oft nicht in der Lage oder willens zu sein, dies zu erwidern, indem er Besorgnis zeigt oder auf die Sorgen, Gedanken und Gefühle seines Partners eingeht.

Darüber denken Narzissten auch, Anspruch auf etwas zu haben und erwarten übermäßig viel Belohnung und Anerkennung, ohne jedoch jemals etwas erreicht zu haben, das derlei rechtfertigen würde. Sie neigen auch dazu, ihre Umgebung übermäßig zu kritisieren, während sie extrem empfindlich reagieren, wenn auch nur die geringste Kritik an ihnen geübt wird.

Während Narzissmus landläufig häufig als abwertender Begriff und als eine Beleidigung für Menschen wie Schauspieler, Models und andere Prominente verwendet wird, die ein hohes Maß an Selbstliebe und Zufriedenheit an den Tag legen, ist NPD eigentlich ein psychologischer Begriff, der sich von einem hohen Selbstwertgefühl unterscheidet. Der Schlüssel zum Verständnis dieses Aspekts der dunklen Psychologie ist, dass das Bild des Narzissten von sich selbst oft komplett und vollständig idealisiert, größenwahnsinnig und aufgeblasen ist und nicht mit irgendwelchen tatsächlichen, bedeutsamen Leistungen oder Fähigkeiten begründet werden kann, die solche Behauptungen untermauern. Als Folge dieser Diskrepanz zwischen Scheinbild und Wirklichkeit kann das fordernde, manipulative, rücksichtslose, egozentrische und arrogante Verhalten des Narzissten nicht nur für ihn selbst, sondern für alle Menschen in seinem Leben zu Problemen führen.

Grundsätzlich können narzisstische Menschen egoistisch, angeberisch, arrogant, ohne Einfühlungsvermögen und überempfindlich gegenüber Kritik sein.

Anzeichen von Narzissmus

Es gibt zahlreiche Anzeichen für Narzissmus, von denen die meisten recht unscheinbar sind. Daher habe ich beschlossen, ein paar Anzeichen zu erwähnen, die in der Regel für jeden mit narzisstischen Tendenzen eindeutig sind. Die folgenden Anzeichen können Ihnen helfen festzustellen, ob eine Person narzisstisch veranlagt ist.

- **Fehlendes Einfühlungsvermögen:** Ein häufiges Anzeichen für ein narzisstisches Individuum ist das völlige Fehlen von Einfühlungsvermögen. Narzissten sind aufgrund ihrer Natur nicht in der Lage, auch nur ein

Quäntchen Mitgefühl zu empfinden, und dies ist einer der Hauptgründe, warum sie die Menschen in ihrer Umgebung ohne jedes Zeichen von Reue verletzen können. Oftmals ist der Mangel an Einfühlungsvermögen auch ein Hauptgrund, warum eine Beziehung mit einem Narzissten scheitert. In einer gesunden Beziehung sollten beide Partner für das Wohlbefinden des anderen sorgen. In einer narzisstischen Beziehung ist jedoch das Gegenteil der Fall; in der Regel fühlt sich der fürsorgliche Partner nicht umsorgt und zeigt daher Anzeichen von Traurigkeit und Einsamkeit, was schließlich zum Scheitern der Beziehung führt.

- **Aufgeblasenes Gefühl der Selbstüberschätzung:** Narzissten neigen dazu, ein aufgeblasenes Gefühl der Selbstüberschätzung zu haben. Ihr größenwahnsinniges Gefühl der Selbstgefälligkeit führt dazu, dass sie sich ausschließlich auf sich selbst konzentrieren und dabei weder Zeit noch Raum für ihren Partner oder irgendjemand anderen lassen. Das Ergebnis ist, dass sich der Partner einsam und übergangen fühlt.

- **Ausprägungen einer arroganten und überlegenen Haltung:** Aufgrund ihres aufgeblasenen Gefühls der Selbstüberschätzung sind Narzissten wahrscheinlich die arrogantesten Menschen auf diesem Planeten. Sie neigen dazu, so zu tun, als seien sie das Einzige, was im gesamten Universum zählt; daher haben sie das Gefühl, dass die Menschen um sie herum sie ohne Wenn und Aber verehren sollten.

- **Übermäßige Bewunderung einfordern:** Wenn Ihr Partner ständig nach Komplimenten verlangt oder Bewunderung in anderer Form einfordert, dann könnte es sich um einen klassischen Narzissten handeln. Narzissten neigen dazu, übermäßige Bewunderung einzufordern, bis zu dem Punkt, dass Sie sich ausgelaugt fühlen, wenn Sie nach neuen Möglichkeiten suchen, Ihre Bewunderung für sie zum Ausdruck zu bringen. Selbst nachdem sie übermäßige Bewunderungen gefordert haben, fällt es Narzissten in der Regel schwer, irgendeine Form der Bewunderung für ihre Partner zu zeigen. Vielmehr kann es sein, dass Sie wenig bis gar keine

Komplimente oder Bewunderung erhalten, egal wie sehr Sie sich bemühen. Und wenn ein Narzisst Ihnen schließlich ein Kompliment macht, folgt darauf meist eine Herabsetzung. Zum Beispiel könnte ein Narzisst etwas sagen wie: "Das Kleid sieht schön aus, aber Rosa ist nicht Ihre Farbe."

- **Wenig oder keine Freunde:** Es ist üblich, dass Narzissten wenig oder gar keine Freunde haben. Das liegt daran, dass sie es normalerweise schwer haben, enge Beziehungen zu knüpfen, da sie durch ihre narzisstischen Tendenzen mögliche Freunde vergraulen. Infolgedessen neigen sie dazu, wenig bis keine Freunde zu haben. Weil sie also keine Freunde haben, schimpfen sie in der Regel über Ihre Freunde, verlangen von Ihnen, dass Sie keine Zeit mit ihnen verbringen, oder versuchen, Ihnen ein schlechtes Gewissen einzureden, weil Sie Zeit mit Freunden verbringen.

- **Sich zu etwas berechtigt fühlen:** Wie bereits erwähnt, erwarten Narzissten aufgrund eines aufgeblasenen Gefühls der Wichtigkeit, von den Menschen in ihrer

Umgebung eine besondere Behandlung zu erhalten. Sie halten sich für etwas ganz Besonderes; daher neigen sie dazu, sich aufzuspielen, wenn Sie nicht mit ihren Wünschen oder Forderungen einverstanden sind. Wenn Sie ihre Wünsche und Forderungen nicht erfüllen, kann das dazu führen, dass Sie mit Schweigen bestraft werden oder die "kalte Schulter" gezeigt bekommen. Es kann aber auch zu Wutausbrüchen, Beschimpfungen oder sogar körperlichen Misshandlungen kommen.

- **Auftreten von manipulativem Verhalten:** Ein Narzisst ist ein Experte für Manipulationen – insbesondere für emotionale Manipulationen. Die bevorzugte Form der Manipulation eines Narzissten ist das Gaslighting, bei dem er versucht, bei Ihnen Gefühle der Verwirrung, des geringen Selbstwertgefühls, der Angst, der Scham und der Schuld hervorzurufen. Ein Narzisst könnte versuchen, Ihre Gedanken und Wünsche zu kontrollieren, er könnte Sie manipulieren, sich von Freunden und Familie fernzuhalten, der Arbeit fernzubleiben, obszöne sexuelle Handlungen vorzunehmen oder sogar Geld von Ihnen zu erpressen.

Grundsätzlich ist jeder, der versucht, Sie zu zwingen, etwas zu tun, was Sie nicht wollen, ein Manipulator und höchstwahrscheinlich ein Narzisst.

- **Unsicher über Ihre Erfolge:** Da Narzissten glauben, dass sie das Beste im ganzen Universum sind, ist es für sie in der Regel schwer, wenn nicht sogar nahezu unmöglich, die Erfolge anderer Menschen zu würdigen. Der Versuch, mit einem Narzissten über Ihre Leistungen zu sprechen, löst in der Regel Unsicherheit aus – und macht ihn sogar eifersüchtig. Daher ist es üblich, dass ein Narzisst versucht, dem Thema zu entkommen, indem er Sie unterbricht oder das Thema wechselt. Außerdem könnte ein Narzisst versuchen, Ihre Leistungen hinter Ihrem Rücken herabzuwürdigen, indem er Lügen erfindet, um Sie in einem schlechten Licht erscheinen zu lassen.

Machiavellismus

Der Machiavellismus ist eine auf Niccolò Machiavelli, der von 1469 bis 1527 in Italien lebte, zurückgehende Richtung der politischen Philosophie. Sie vertritt die Ansicht, dass Politik unmoralisch ist und dass zur Erlangung politischer Macht jedes Mittel – wie skrupellos auch immer – gerechtfertigt ist.

Machiavelli schrieb ein politisches Traktat mit dem Titel "Der Fürst", in dem er feststellte, dass Aufrichtigkeit, Ehrlichkeit und andere Tugenden sicherlich bewundernswerte Eigenschaften seien, dass aber in der Politik die Fähigkeit, sich auf Betrug, Verrat und andere Formen kriminellen Verhaltens einzulassen, akzeptabel sei, wenn es keine anderen Mittel gebe, um politische Ziele zu erreichen und die eigenen Interessen zu schützen.

Der Volksmund hat jedoch diese ganze Philosophie auf die Ansicht reduziert, dass "der Zweck die Mittel heiligt". Machiavelli selbst bestand darauf, dass der wichtigste Teil dieser Gleichung darin besteht, dass der Zweck selbst zuerst gerechtfertigt werden muss. Er fügte jedoch hinzu, dass es in der Regel besser ist, solche Zwecke ohne Hinterlist zu erreichen, wann immer dies möglich ist, weil auf diese Weise die Interessen des Handelnden weniger gefährdet sind.

Daher muss die Suche nach dem wirksamsten Mittel zur Erreichung eines politischen Zwecks nicht unbedingt zum heimtückischsten führen. Außerdem müssen nicht alle politischen Ziele, die als erstrebenswert gerechtfertigt wurden, auch verfolgt werden. In vielen Fällen kann die bloße Drohung, dass eine bestimmte Vorgehensweise verfolgt wird, ausreichen, um dieses Ziel zu erreichen. In manchen Fällen kann die Tücke so milde sein wie die glaubwürdige Drohung, etwas zu unternehmen, was eigentlich gar nicht beabsichtigt ist.

In der heutigen Gesellschaft wird der Begriff Machiavellismus daher verwendet, um Menschen zu beschreiben, von denen man annimmt, dass sie machiavellistische Taktiken anwenden, um ihre politischen Ziele zu verfolgen.

In der Psychologie hingegen wird die Machiavellismus-Skala verwendet, um den Grad zu messen, in dem Menschen mit abweichenden Persönlichkeiten manipulatives Verhalten zeigen. In der heutigen Gesellschaft übersehen viele Menschen die Tatsache, dass der Machiavellismus Teil der "Dunklen Triade" der dunklen Psychologie ist und akzeptieren damit stillschweigend das abwegige Verhalten von Politikern und Wirtschaftsführern, die es schaffen, große Macht oder

Reichtum anzuhäufen. Als psychologische Störung ist der Machiavellismus jedoch etwas völlig anderes als ein gewählter Weg zur politischen Macht.

Personen mit machiavellistischen Persönlichkeitsmerkmalen überlegen nicht, ob ihre Handlungen das wirksamste Mittel zur Erreichung ihrer Ziele sind, ob es Alternativen gibt, die keine Täuschung oder keinen Verrat beinhalten, oder ob das Endergebnis ihrer Handlungen überhaupt erstrebenswert ist. Die machiavellistische Persönlichkeit zeugt nicht von einem strategischen oder berechnenden Verstand, der versucht, ein lohnendes Ziel in einer umkämpften Umwelt zu erreichen. Stattdessen geht es immer darum, ob die Situation ein kaltes, berechnendes und manipulatives Vorgehen erfordert oder nicht.

Machiavellisten sind immer auf der Suche nach sich selbst. Sie sind trügerisch, durchtrieben, misstrauisch sowie manipulativ. Eigentlich sehen Machiavellisten andere Menschen als Mittel für ihre eigenen egoistischen Ziele. Sie neigen dazu, wie Puppenspieler zu agieren, die Fäden ziehen, die dazu dienen, die Handlungen anderer zu ihrem eigenen Vorteil zu kontrollieren.

Es ist für sie zum Beispiel normal, sich bei der Arbeit "krank zu melden", wenn sie eigentlich nur einen Tag frei haben wollen. Für die meisten Menschen ist ein solches Verhalten nicht normal, und nach einem solchen Akt der Unehrlichkeit hätten sie ein schlechtes Gewissen. Diejenigen, die einen hohen Grad an Machiavellismus aufweisen, würden jedoch nicht nur lügen, wenn sie einen freien Tag haben wollen; sie betrachten Lügen und Unehrlichkeit als die einzige mögliche Verhaltensweise, unabhängig davon, ob dies zu irgendeinem Vorteil führt. Und sie empfinden hinterher niemals irgendeine Art von Reue.

Hinzu kommt, dass aufgrund des Grades an sozialer Anerkennung und stillschweigender Zustimmung, der machiavellistischen Persönlichkeiten, die erfolgreich politische Macht erlangen, gewährt wird, ihr Verhalten in der Gesellschaft nicht die Art von negativer Aufmerksamkeit erhält, die den beiden anderen Mitgliedern der Dunklen Triade – Psychopathie und Narzissmus – zuteil wird.

Grundsätzlich gehören zu den Merkmalen, die mit Machiavellismus in Verbindung gebracht werden, Doppelzüngigkeit, Manipulation, Eigeninteresse und ein Mangel an Emotionen und Moral.

Anzeichen von Machiavellismus

- **Sie zeigen Anzeichen von Doppelzüngigkeit:** Machiavellisten sind dafür bekannt, dass sie von Natur aus doppelzüngig sind. Sie können von einem Tag auf den anderen völlig andere Menschen sein. Es hängt alles davon ab, mit wem sie sprechen und was sie von ihnen brauchen könnten. Mit anderen Worten, Sie haben eigentlich keine Ahnung, was ihre wahren Absichten sind, weil sie Ihnen ständig das eine sagen und etwas anderes tun.

- **Selbstsüchtig auf ihr eigenes Wohlergehen bedacht:** Menschen sind von Natur aus eigennützig; daher ist es normal, dass jemand auf sein eigenes Wohlergehen bedacht ist. Man kann jemanden nicht als Machiavellisten abstempeln, weil er sich um sich selbst kümmert. Es gibt jedoch einen Punkt, an dem es zu weit geht. Menschen, die als Machiavellisten gelten, glauben, dass sie betrügerisch sein müssen, um voranzukommen. Ein Machiavellist wird immer nur um sein eigenes Wohlergehen besorgt sein. Sie kümmern sich nicht wirklich um die Gefühle oder das Wohlergehen anderer Menschen. Daher glauben sie daran, um jeden Preis das zu erreichen, was gut für ihr eigenes Wohl ist.

- **Sie geben Informationen aus taktischen Gründen weiter:** Sie geben Informationen nur aus bestimmten Gründen preis, die in der Regel für sie selbst vorteilhaft sind. Sie erzählen Ihnen nie etwas, nur weil Sie es wissen wollen. Wenn ein Machiavellist Ihnen etwas erzählt, dann in der Regel, weil er entweder nach Informationen über Sie sucht oder weil er etwas von Ihnen bekommen möchte.

- **Sie manipulieren und kontrollieren:** Machiavellisten studieren die Menschen um sie herum. Sie studieren und beobachten Ihre Handlungen, bis sie wissen, was Sie dazu bringt, so zu handeln. Dann nutzen sie ihr Wissen über Sie, um zu versuchen, Sie zu manipulieren und zu kontrollieren, damit Sie nach ihrer Pfeife tanzen.

- **Sie sind narzisstisch:** Machiavellisten sind in der Regel narzisstisch veranlagt. Machiavellisten interessieren sich nur für sich selbst. Eigeninteresse ist eine Sache, aber sie spielen sich hier in der Regel in einer völlig anderen Liga, da sie denken, dass sie die wichtigsten Menschen auf der Welt sind. Daher neigen sie dazu, Sie zu benutzen und fallen zu lassen, wenn es bedeutet, dass sie vorankommen.

- **Sie zeigen Anzeichen von psychopathischen Tendenzen:** Sie können gestörte Psychopathen sein, die nur Chaos und Zerstörung im Leben der Menschen um sie herum anrichten wollen. Und wenn Sie sehen, dass das wirklich der Fall ist, dann müssen Sie reagieren. Sie müssen dafür sorgen, dass Sie sich nicht selbst das Fadenkreuz dieser Person begeben.

- **Sie glauben, dass der Zweck die Mittel heiligt:** Dies ist wahrscheinlich der bekannteste philosophische Grundsatz, den Machiavellisten haben. Das ist die Art von Überzeugung, die sie dazu bringt, in ihrem Leben so rücksichtslos zu handeln. Sie glauben, dass es ihnen freisteht, zu tun, was sie wollen, solange es zu vorteilhaften Ergebnissen führt. Der Weg dorthin ist ihnen ziemlich egal.

- **Sie vergiften ihr Umfeld:** Machiavellisten sind geradezu giftig. Man hat das Gefühl, dass sie eine Menge Negatives und Vergiftungen in Ihr Leben bringen. Man fühlt sich immer belastet und niedergeschlagen, wenn man Zeit mit ihnen verbringt.

- **Sie sind sehr charmant:** Viele dieser Machiavellisten sind sehr charmant. Sie sind sehr gut darin, sich als Menschen zu präsentieren, denen man vertrauen und auf die man sich verlassen kann. Deshalb sind sie in der Lage, Sie zu bezaubern und Ihr Vertrauen zu gewinnen, da sie die richtigen Worte kennen, um Menschen dazu zu bringen, ihnen zu vertrauen.

Psychopathie

Psychopathie ist eine psychische Störung mit mehreren erkennbaren Merkmalen, zu denen antisoziales Verhalten,

Amoralität, die Unfähigkeit, Mitgefühl zu entwickeln oder sinnvolle persönliche Beziehungen aufzubauen, extreme Egozentrik und Wiederholungsgefahr gehören – mit wiederholten Übergriffen, die aus einer offensichtlichen Unfähigkeit resultieren, aus den Folgen früherer Übergriffe zu lernen. Von den drei Aspekten der Dunklen Triade wird die Psychopathie als der gefährlichste und heimtückischste von allen angesehen – das liegt daran, dass Psychopathen extrem triebgesteuert sind und es genießen, anderen Schaden zuzufügen, besonders, wenn sie nicht ihren Willen bekommen.

Die vier wesentlichen Aspekte der Psychopathie sind antisoziales Verhalten, Egozentrik, Mangel an Einfühlungsvermögen und Amoralität.

- Antisoziales Verhalten umfasst jedes Verhalten, das darauf abzielt, formelle und/oder informelle Regeln des sozialen Verhaltens durch kriminelle Handlungen oder durch persönlichen, privaten Protest oder Widerstand zu verletzen, der sich gegen andere Personen oder die Gesellschaft im Allgemeinen richtet.

- Egozentrik ist ein Verhalten, bei dem die handelnde Person sich selbst als den zentralen Mittelpunkt der Welt oder

zumindest aller maßgeblichen gesellschaftlichen und
politischen Aktivitäten sieht.

- Einfühlungsvermögen ist die Fähigkeit, Ereignisse,
Gedanken, Emotionen und Überzeugungen aus der
Perspektive anderer zu betrachten und zu verstehen, und gilt
als eine der wichtigsten psychologischen Voraussetzungen
für den Aufbau erfolgreicher, dauerhafter Beziehungen.
Personen, die an Psychopathie leiden, haben jedoch keine
Spur von Einfühlungsvermögen; dies ist der Grund, warum
sie in der Lage sind, ihre psychopathischen Handlungen
emotionslos auszuführen.

- Amoralität sollte nicht mit Unmoral verwechselt werden, da
sie sich vollkommen voneinander unterscheiden. Eine
unmoralische Handlung ist eine Handlung, die gegen
etablierte Moralvorstellungen verstößt. Eine Person, die
unmoralisch ist, kann mit ihren Handlungen konfrontiert
werden, mit der Erwartung, dass sie erkennt, dass ihre
Handlungen aus moralischer, wenn nicht sogar aus
rechtlicher Sicht, anstößig sind. Amoralität hingegen
repräsentiert ein psychologisches Defizit, das nicht
anerkennt, dass irgendwelche moralischen Standards
existieren, oder wenn sie existieren, dass sie keinen Wert

haben, um zu entscheiden, ob man auf die eine oder andere Weise handeln soll oder nicht. Daher kann jemand, der Psychopathie zeigt, schreckliche Taten verüben, die enorme seelische und körperliche Verletzungen verursachen, ohne jemals zu verstehen, dass das, was er oder sie getan hat, falsch ist. Was noch schlimmer ist: Diejenigen, die Anzeichen von Psychopathie zeigen, verschlechtern sich in der Regel im Laufe der Zeit, weil sie nicht in der Lage sind, den Zusammenhang zwischen den Problemen in ihrem Leben sowie im Leben der Menschen um sie herum und ihren eigenen schädlichen und zerstörerischen Handlungen herzustellen.

Grundsätzlich gehören zu den Persönlichkeitsmerkmalen, die mit Psychopathie in Verbindung gebracht werden, ein Mangel an Einfühlungsvermögen oder Reue, antisoziales Verhalten und eine manipulative und sprunghafte Natur.

Anzeichen von Psychopathie

Nachfolgend sind einige häufige Anzeichen für Psychopathie aufgeführt, die Sie beachten sollten; dazu gehören:

- Sozial unverantwortliches Verhalten

- Missachten oder Verletzen der Rechte anderer

- Unfähigkeit, zwischen richtig und falsch zu unterscheiden

- Schwierigkeit, Reue oder Empathie zu zeigen

- Neigung, häufig zu lügen

- Manipulieren und Verletzen anderer

- Wiederkehrende Probleme mit dem Gesetz

- Allgemeine Missachtung von Sicherheit und Verantwortung

Andere Verhaltensweisen, die Anzeichen für Psychopathie sein können, sind eine Tendenz, übermäßige Risiken einzugehen, rücksichtsloses Verhalten und Betrug mit häufigen Lügen.

Erkennen von Merkmalen der Dunklen Triade

Nun, da Sie die drei Persönlichkeitsmerkmale kennen, die die dunkle Psychologie ausmachen, fragen Sie sich bestimmt, ob es eine Möglichkeit gibt, leicht zu erkennen, ob ein Freund, ein

Familienmitglied oder sogar Sie selbst eines der Merkmale der Dunklen Triade besitzen.

Es gibt eine Reihe von Methoden, die Sie verwenden können, um Merkmale der Dunklen Triade auszumachen, aber die meisten von ihnen sind ziemlich kompliziert. Es gibt jedoch einen ziemlich einfachen "Test", der im Jahr 2010 von Dr. Peter Jonason und Gregory Webster entwickelt wurde. Dieser "Test" wird als "Dreckiges Dutzend"-Bewertungsskala bezeichnet und kann verwendet werden, um die Eigenschaften der Dunklen Triade bei jeder Person zu messen.

Die "Dreckiges Dutzend"-Bewertungsskala umfasst zwölf Aussagen, zu denen Sie sich auf einer Skala von eins bis sieben selbst bewerten müssen. Je höher die Punktzahl, desto höher ist die Wahrscheinlichkeit, dass die Person Neigungen der Dunklen Triade besitzt. Die Aussagen lauten wie folgt:

1. Ich neige dazu, andere zu manipulieren, um meinen Willen durchzusetzen.

2. Ich habe schon einmal betrogen oder gelogen, um meinen Willen durchzusetzen.

3. Ich neige dazu, keine Reue zu empfinden.

4. Ich neige dazu, Prestige oder Status zu suchen.

5. Ich neige dazu, besondere Gefälligkeiten von anderen zu erwarten.

6. Ich neige dazu, mich nicht allzu sehr mit Moral oder der Rechtschaffenheit meiner Handlungen zu befassen.

7. Ich neige dazu, gefühllos oder unsensibel zu sein.

8. Ich neige dazu, zynisch zu sein.

9. Ich neige dazu, zu wollen, dass andere mich bewundern.

10. Ich neige dazu zu wollen, dass andere mir Aufmerksamkeit schenken.

11. Ich habe Schmeicheleien benutzt, um meinen Willen zu bekommen.

12. Ich neige dazu, andere zu meinem eigenen Vorteil auszunutzen.

Um leicht herauszufinden, ob ein Freund, ein Familienmitglied oder sogar Sie selbst Neigungen der Dunklen Triade besitzen, beantworten Sie einfach die obigen Fragen so ehrlich, wie Sie können, oder bitten Sie Ihre Freunde oder Familie, die Fragen so ehrlich zu beantworten, wie sie können.

Umgang mit Menschen mit Charakterzügen der Dunklen Triade

Wenn Sie nach dem obigen Test feststellen, dass ein Freund, ein Familienmitglied oder sogar ein Arbeitskollege Züge der Dunklen Triade besitzt, ist der nächste Schritt, zu lernen, wie man mit ihnen umgeht. Bevor wir jedoch dazu kommen, gibt es drei grundlegende Möglichkeiten, durch die Menschen ihre Charakterzüge der Dunklen Triade zeigen können; sie sind:

- Durch psychopathische Wut

- Durch Manipulation

- Durch Narzissmus

In den folgenden Abschnitten werde ich darauf eingehen, wie Sie mit Menschen umgehen können, die diese Eigenschaften aufweisen. Bevor ich jedoch fortfahre, sollten Sie bedenken, dass es keinen einfachen und geradlinigen Weg gibt, mit Menschen mit Merkmalen der Dunklen Triade umzugehen. Das liegt daran, dass jeder Mensch einen anderen Persönlichkeitstyp hat, und wie Sie vielleicht wissen, neigen die mit diesen Persönlichkeitstypen verbundenen

Verhaltensweisen dazu, sich täglich zu ändern. Behalten Sie dies also im Hinterkopf, wenn Sie versuchen, mit Menschen mit Merkmalen der Dunklen Triade umzugehen.

Umgang mit psychopathischer Wut

Menschen mit psychopathischen Zügen neigen zu Wut und Aggression. Wenn Sie sich in der Nähe solcher Menschen aufhalten, müssen Sie lernen, wütende und aggressive Situationen so schnell wie möglich zu entschärfen. Normalerweise sind die Anzeichen für normale Wut nicht schwer zu erkennen. Zu diesen Anzeichen gehören:

- Schwitzen, besonders in den Handflächen und Achselhöhlen
- Sichtbares Zittern oder Zittrigkeit
- Errötetes Gesicht
- Zusammenpressen des Kiefers und/oder Zähneknirschen
- Erhöhte Stimme

Manche Menschen neigen jedoch dazu, ihre Wut zu unterdrücken, die sich dann in passiv-aggressiver Weise äußert, wie z. B.:

- Eine zynische, mürrische oder feindselige Haltung zeigen

- Schmollen oder stures Verhalten

- Absichtlich Fehler machen, um eine Reaktion von Ihnen zu erhalten

Der Umgang mit wütenden Menschen kann extrem anstrengend sein; es gibt jedoch eine Reihe von Strategien, die Sie im Umgang mit solchen Menschen anwenden können. Dazu gehören die folgenden:

- **Erst kommt die Sicherheit, dann das Eingreifen von außen:** Wenn Sie einmal das Gefühl haben, dass eine Person so wütend wird, dass sie versuchen könnte, Sie zu verletzen, vertrauen Sie Ihrem Instinkt und verlassen Sie die Umgebung am besten. Machen Sie nicht den Fehler, zu versuchen, eine extrem wütende Person zu beschwichtigen; manchmal, in der Hitze der Wut, neigt Beschwichtigung dazu, eine psychotische Person noch wütender zu machen. Oftmals jedoch, wenn Psychopathen niemanden oder nichts haben, auf den sie ihre Wut richten können, neigen sie dazu, sich zu beruhigen.

Nachdem Sie gegangen sind, können Sie dann jemanden hinzuziehen, der in die Angelegenheit eingreift. Oftmals hält die Anwesenheit einer anderen Person die wütende Person davon ab, etwas Schlimmes zu tun.

- **Versuchen Sie, die Ursache für die Wut herauszufinden:** Nachdem Sie sich in Sicherheit gebracht haben und sich die Situation etwas beruhigt hat, können Sie versuchen herauszufinden, warum die Person, mit der Sie es zu tun haben, wütend ist. Um dies zu erreichen, müssen Sie wirkungsvolle Fragetechniken anwenden, um an die Wurzel ihrer Wut zu gelangen. Ermutigen Sie die Person, zu erklären, warum sie sich wütend fühlt. Unterbrechen Sie die Person möglichst nicht, während sie spricht, da dies zu einem Streit führen kann, der die Person erneut aufbringt. Stellen Sie ihnen so lange Fragen, bis sie vollständig erläutern, warum sie wütend waren. Nachdem Psychpathen den Grund für ihre Wut erklärt haben und Sie an der Reihe sind zu sprechen, sprechen Sie langsam und ruhig und versuchen Sie, keine bedrohliche Körpersprache zu verwenden. All dies wird die Personen dabei unterstützen, sich zu beruhigen.

- **Reagieren Sie niemals mit Wut:** Es ist verständlich, sich aufzuregen, wenn Ihnen wütende Menschen gegenüberstehen. Mit Wut zu reagieren, ist jedoch die schnellste Art, eine bereits brisante Situation zu eskalieren. Wenn Ihnen jemand wütend entgegentritt, tun Sie Ihr Bestes, um so ruhig wie möglich zu reagieren. Das ist leichter gesagt als getan, aber Sie können dies erreichen, indem Sie lernen, Ihre Emotionen zu steuern, sodass Sie in angespannten Situationen entspannt bleiben können. Eine Möglichkeit, Ihre Emotionen zu kontrollieren und zu verhindern, dass Sie sich aufregen, ist das Üben der Tiefenatmung – diese wird Ihnen helfen, Ihren Herzschlag zu normalisieren und allmählich jegliche negative Energie aus Ihrem Körper zu vertreiben.

- **Nehmen Sie nicht jede ärgerliche Situation persönlich:** Manchmal hat der Ärger einer Person nichts mit Ihnen zu tun – vor allem, wenn Sie sich sicher sind, dass Sie nichts falsch gemacht haben. Zum Beispiel könnte eine

Person wütend sein, weil sie eine schlechte Nachricht erhalten hat, und ihren Ärger über die schlechte Nachricht an Ihnen auszulassen, könnte dazu führen, dass sie sich besser fühlt. Wenn Sie erkennen, dass Sie nicht der Grund für die Wut sind, nehmen Sie deren Wutausbrüche nicht persönlich. Wenn also jemand plötzlich anfängt, Anzeichen von Wut zu zeigen, sei es auf normale Weise oder auf passiv-aggressive Weise, ist es wichtig, dass Sie versuchen, herauszufinden, ob Sie die Ursache für die Wut sind. Wenn dies nicht der Fall ist, können Sie Ihr Bestes tun, um die wütenden Eskapaden zu ignorieren und sie nicht persönlich zu nehmen. Wenn Sie andererseits herausfinden, dass Sie für den Ärger verantwortlich sind, müssen Sie das trotzdem nicht persönlich nehmen. Entschuldigen Sie sich einfach und versuchen Sie, nicht zu wiederholen, was die Person wütend gemacht hat.

- **Lenken Sie sie ab:** Neben den oben genannten Strategien besteht eine Möglichkeit, mit der Wut einer Person umzugehen und sie möglicherweise zu entschärfen, darin, zu versuchen, sie von ihrer Wut abzulenken. Dies können Sie tun, indem Sie ihre Wut auf etwas anderes lenken. Grundsätzlich gilt: Wenn eine Person ständig über ihre Wut nachdenkt, neigt sie dazu, noch wütender zu werden. Indem Sie sie ablenken, richtet die Person ihre Aufmerksamkeit auf etwas anderes – je weniger Psychopathen Anlass haben, über ihre Wut nachzudenken, desto weniger werden sie wütend.

Umgang mit Manipulatoren

Machiavellisten sind sehr gute Manipulatoren. Sie neigen dazu, Menschen zu manipulieren, indem sie sie selbstsüchtig durch Zwang und/oder Täuschung beeinflussen. Außerdem sind sie oft gut darin, ihre manipulativen Verhaltensweisen und Handlungen unter dem Deckmantel der Unschuld zu verstecken. Unabhängig davon gibt es eine Reihe von Anzeichen, auf die Sie achten können, wenn Sie das Gefühl haben, dass eine Person manipulative Tendenzen zeigt. Zu diesen Anzeichen gehören die folgenden:

- Eine Person, die niemals ein "Nein" als Antwort akzeptiert.

- Jemand, der immer versucht, sein verletzendes Verhalten zu entschuldigen.

- Jemand, der normalerweise verschiedenen Menschen eine andere Persönlichkeit präsentiert, um seinen egoistischen Zwecken zu dienen.

- Jemand, der immer versucht, Sie dazu zu bringen, jederzeit zu tun, was er will.

Mit den folgenden Strategien können Sie mit Menschen mit manipulativen Tendenzen umgehen:

- **Stellen Sie sie zur Rede:** Manipulative Menschen neigen dazu, mit ihren manipulativen Handlungen davonzukommen, weil die meisten Menschen sie lieber nicht zur Rede stellen wollen. Dies ist jedoch ein Widerspruch, da der Verzicht auf eine Auseinandersetzung manipulative Menschen in ihren manipulativen Handlungen noch mutiger macht. Daher ist eine der Möglichkeiten, mit manipulativen Menschen umzugehen, sie zur Rede zu stellen, wenn Sie ihre manipulativen Handlungen bemerken. Wenn Sie sie hinterfragen, müssen Sie die manipulativen

Handlungen, die Sie bemerkt haben, genau beschreiben und sie wissen lassen, wie sich diese Handlungen auf Sie auswirken. Nachdem Sie einen Manipulator hinterfragt haben, neigt er oft dazu, Sie in Ruhe zu lassen, weil er merkt, dass Sie kein leichtes Opfer sind.

- **Lernen Sie, sich zu behaupten:** Manchmal kann das Hinterfragen eines Manipulators dazu führen, dass dieser noch entschlossener wird, Ihnen auf die Pelle zu rücken. Das ist der Moment, in dem Sie sich behaupten und einer solchen Person zu verstehen geben, dass Sie keinen weiteren Manipulationen dulden werden. Sie müssen einer solchen Person klar machen, dass sie ihr Verhalten Ihnen gegenüber ändern muss. Lassen Sie sie wissen, dass Sie sie zur Rechenschaft ziehen werden, wenn sie das nicht tut.

- **Gehen Sie ihnen aus dem Weg, wann immer Sie können:** Wenn die oben genannten Taktiken fehlschlagen, bleibt Ihnen vielleicht nur die Möglichkeit, sie um jeden Preis zu meiden. Es wird für Machiavellisten schwierig, Sie zu manipulieren, wenn sie keinen Zugang zu Ihnen haben. Tun Sie daher Ihr

Bestes, um sich von ihnen fernzuhalten, wann immer Sie können.

Umgang mit Narzissmus

Narzissten verfügen über eine Reihe von heimtückischen Methoden, mit denen sie sowohl ihre Partner als auch die Menschen in ihrem Umfeld manipulieren. Das letztendliche Ziel eines Narzissten ist es, die Realität und das Vertrauen des Partners zu zerstören, um die Kontrolle über die Beziehung und das Leben des Partners zu gewinnen oder zu behalten. Um dies zu erreichen, nutzt ein Narzisst jede Form des Missbrauchs, wie z.B. emotionalen Missbrauch, psychischen Missbrauch, körperlichen Missbrauch, finanziellen Missbrauch, seelischen Missbrauch und auch sexuellen Missbrauch. Ihr Vorgehen besteht darin, einer Person das Gefühl zu geben, verrückt zu sein, wodurch es für sie immer schwieriger wird, ihre Familie und Freunde um Hilfe zu bitten, weil sie das Gefühl haben, dass ihnen niemand glauben wird.

Hier sind ein paar Beispiele für Missbrauch, die häufig von Narzissten verwendet werden:

- **Beschimpfungen:** Zu den verbalen Beleidigungen gehören das Herabsetzen, Beschuldigen, Tadeln, Schikanieren, Kritisieren, Beschämen und Bedrohen. Obwohl verbaler Missbrauch allein nicht bedeutet, dass Sie es mit einem Narzissten zu tun haben, ist er, wenn er zusammen mit anderen Formen des Missbrauchs angewendet wird, tendenziell von narzisstischer Natur.

- **Emotionale Erpressung:** Eine weitere Form der Manipulation, derer sich Narzissten gerne bedienen, ist die emotionale Erpressung. Sie können Sie emotional erpressen, indem sie Ihnen Angst, Schuldgefühle oder Zweifel vermitteln. Ebenso können Narzissten Wut, Einschüchterung, Drohungen, Warnungen oder Bestrafung als Mittel einsetzen, um Sie auf Linie zu halten.

- **Manipulation:** Narzissten neigen dazu, Menschen zu manipulieren, indem sie geschickt Worte oder Handlungen einsetzen, um zu bekommen, was sie von einer Person wollen. Sie tun dies, indem sie Ihre Ängste, Schuldgefühle oder Ihr Pflichtgefühl ausnutzen, mit dem einzigen Ziel, ihre Bedürfnisse erfüllt zu bekommen.

- **Gaslighting:** Narzissten neigen dazu, Gaslighting als Mittel einzusetzen, um Sie dazu zu bringen, Ihren Ansichten über die Wirklichkeit zu misstrauen oder zu glauben, dass Sie psychisch instabil sind. Gaslighting ist eines der Lieblingswerkzeuge eines Narzissten.

- **Negative Vergleiche:** Unnötige Vergleiche anzustellen, um Sie negativ mit sich selbst oder anderen Menschen zu messen, ist eine weitere Form des Missbrauchs, die Narzissten gerne anwenden.

- **Hartnäckiges Lügen:** Narzissten verwenden beharrlich Täuschungen, um Verantwortung zu vermeiden oder um ihre eigenen Ziele zu erreichen. Wenn eine Person Sie also ständig anlügt und versucht, Sie zu täuschen, missbraucht sie Sie mit Sicherheit psychisch.

- **Vorenthalten:** Ein Narzisst könnte Sie auch missbrauchen, indem er Ihnen Dinge wie Geld, Sex, Kommunikation oder Zuneigung vorenthält, um Sie auf

Linie zu halten oder um zu versuchen, Sie dazu zu bringen, nach seiner Pfeife zu tanzen.

- **Rufmord:** Eine weitere Form des Missbrauchs, von der Narzissten gerne Gebrauch machen, ist der Rufmord, bei dem bösartiger Klatsch oder Lügen über Sie an andere Menschen verbreitet werden.

- **Das Ausspielen der Opferkarte:** Wenn alles andere versagt, greift der Narzisst darauf zurück, die Opferkarte zu spielen. Dies ist eine Form der emotionalen Manipulation, die darauf abzielt, Ihre Sympathie zu gewinnen und Ihr Verhalten weiter zu kontrollieren.

Wie Sie aus der obigen Liste ersehen können, sind Narzissten egoistisch und rücksichtslos. Da es jedoch das oberste Ziel eines Narzissten ist, Ihre Verfassung ins Ungleichgewicht zu bringen, bereitet sein Egoismus eher Kopfschmerzen als dass er eine Bedrohung darstellt. Aufgrund ihrer selbstsüchtigen Natur ist es möglich, dass Narzissten die Auswirkungen ihrer Handlungen gar nicht bemerken, daher ist es wichtig, sie auf jede narzisstische Handlung aufmerksam zu machen, sobald Sie sie bemerken. Achten Sie darauf, sich zu behaupten und ihren Behauptungen oder Forderungen mit stichhaltigen Gegenargumenten zu begegnen, denn nur so können Sie sie wirklich dazu bringen, ihr Verhalten Ihnen gegenüber zu ändern.

Kapitel 3: Manipulationstechniken der dunklen Psychologie

Es gibt zahlreiche dunkle psychologische Manipulationstechniken; in diesem Buch werde ich jedoch die vier wichtigsten dunklen psychologischen Techniken besprechen, die die meisten Menschen anwenden. Das Wissen über diese ruchlosen Techniken kann Ihnen dabei helfen, sie bei Menschen in Ihrer Umgebung leicht zu erkennen. Außerdem ist dies der erste Schritt, um zu lernen, wie Sie sich vor diesen Techniken schützen können. Sie werden mir zustimmen, dass man sich nicht vor etwas schützen kann, über das man nichts weiß. Also lassen Sie uns anfangen.

Gaslighting

Das Prinzip des Gaslighting stammt aus einem alten Film mit dem Titel "Gaslit". Der Film zeigt einen Mann, der versucht, seine Frau so zu manipulieren, dass sie denkt, sie verliere den Sinn für die Realität, damit er sie in eine psychiatrische Anstalt einweisen und ihr Erbe an sich reißen kann. Zwar sind nicht alle Fälle von Gaslighting so drastisch, aber das ultimative Ziel eines Gaslighters ist es, sein Opfer den Bezug zur Realität verlieren zu lassen.

Gaslighting ist vielleicht die grausamste Form der dunklen psychologischen Manipulation. Es geht darum, die Zurechnungsfähigkeit und das Selbstwertgefühl einer Person in Zweifel zu ziehen. Man könnte sagen, es ist, als würde man die Saat des Zweifels im Opfer der Manipulation säen. Gaslighting funktioniert nach dem Prinzip, dass man weiß, dass einem wiederholt Lügen erzählt werden, bis man schließlich beginnt, diese Lügen als Wahrheit zu glauben. Es versteht sich von selbst, dass das eine üble Form der Manipulation ist.

Normalerweise bringt der Gaslighter sein Opfer dazu, jegliches Vertrauen in seine eigene Glaubwürdigkeit zu verlieren, indem er systematisch sein Selbstwertgefühl zerstört, bis es beginnt, an sich selbst zu zweifeln. Das letztendliche Ziel von Gaslighting ist es, das Opfer zu einem psychischen Wrack zu machen. Der Manipulator macht seine Zielperson ständig nieder, indem er ihr widerspricht und sie davon überzeugt, dass sie immer falsch liegt; manchmal bis zu dem Punkt, dass das Opfer beschuldigt wird, Lügen zu erzählen. Als Folge davon verliert das Opfer langsam jedes Selbstwertgefühl, bis es beginnt, die Lügen zu glauben, die der Gaslighter ihm erzählt. Wenn dies geschieht, wird das Opfer dann von dem herrschsüchtigen Beeinflusser beherrscht und kontrolliert.

Gaslighting, ob absichtlich oder nicht, ist eine Form der Manipulation. Gaslighting kann in vielen Arten von Beziehungen vorkommen, einschließlich derer mit Chefs, Freunden und Eltern. Aber eine der verheerendsten Formen von Gaslighting ist, wenn es in einer Paarbeziehung auftritt.

Gaslighting ist eine Form des psychischen Missbrauchs, die häufig in missbräuchlichen persönlichen Beziehungen vorkommt. Der Beeinflusser/Gaslighter wendet ständig verschiedene Techniken an, mit der letztendlichen Absicht, sein Opfer an sich selbst zweifeln zu lassen. In dem Moment, in dem das Opfer dem Zweifel nachgibt, ist es vorbei. Der Gaslighter hat gewonnen.

Wie Gaslighting abläuft

Ein Gaslighter kann zahlreiche Techniken anwenden, um Sie zu manipulieren, dazu gehören:

- **Kontern:** Ein Gaslighter verwendet die Kontertechnik, um die Saat des Zweifels im Verstand seines Opfers zu säen. Zum Beispiel könnte sein Opfer über eine bestimmte Erinnerung sprechen, die es mit dem Gaslighter geteilt hat. Der Gaslighter würde dann die Erinnerung mit seiner eigenen Version kontern und darauf bestehen, dass seine eigene Version die richtige ist. Diese Technik ist eine weitere Möglichkeit für den Gaslighter, Zweifel in den Verstand seines Opfers zu bringen. Wenn dies häufig gemacht wird, kommt es zu einem Punkt, an dem das Opfer anfängt, an seinen eigenen Erinnerungen zu zweifeln und sie in Frage zu stellen.

- **Vorenthalten:** Eine der Taktiken, die der Täter anwendet, ist das Vorenthalten von Informationen gegenüber seinem Opfer. Gaslighter könnten sich weigern, sich auf ein Gespräch einzulassen, oder sie könnten so tun, als würden sie nicht verstehen, was Sie sagen, damit sie nicht auf Sie reagieren müssen. Letztlich nutzt ein Gaslighter diese Technik, um sich der Verantwortung für seine Aktionen zu entziehen und sein Opfer weiter in Verwirrung zu stürzen.

- **Ablenkung:** Ein Gaslighter verwendet diese Technik immer dann, wenn sein Opfer versucht, mit ihm über seine Aktionen zu sprechen. Anstatt sich auf ein Gespräch einzulassen, lenkt der Gaslighter die Aufmerksamkeit seines Opfers systematisch vom eigentlichen Thema ab. Er könnte dies tun, indem er einen Kommentar abgibt, der nichts mit dem zu tun hat, worüber sein Opfer spricht.

- **Verharmlosen:** Dies ist eine Lieblingstechnik eines Gaslighters. Diese Technik besteht darin, dass der Gaslighter die Gefühle seines Opfers missachtet oder herunterspielt. Er tut dies, indem er seinem Opfer das Gefühl gibt, dass seine Gefühle oder Gedanken unwichtig sind. Unabhängig davon, wie berechtigt die Bedenken ihres Opfers sind, gehen Gaslighter vielleicht noch weiter und beschuldigen sie, auf Dinge überzureagieren oder übermäßig sensibel zu sein.

- **Leugnen:** Eine weitere Lieblingstechnik eines Gaslighters. Ein Gaslighter benutzt die Verleugnungstechnik, indem er vorgibt, bestimmte Ereignisse vergessen zu haben und wie sie passiert sind. Bei dieser Technik ist es üblich, dass der Gaslighter etwas, das er zuvor gesagt hat, leugnet und Sie beschuldigt, sich etwas ausgedacht zu haben. Das ultimative Ziel dieser Technik, genau wie der anderen, ist es, sein Opfer allmählich zu dem Glauben zu bringen, dass es sich nicht auf seine Erinnerungen verlassen kann.

Gaslighting und Narzissmus

Üblicherweise haben Gaslighter eine psychologische Störung, die als narzisstische Persönlichkeitsstörung bekannt ist. Von den drei Wesenszügen der Dunklen Triade sind Narzissten in der Regel diejenigen, die Gaslighting als Manipulationstechnik einsetzen. Das liegt daran, dass sie von der heimtückischen Natur des Gaslighting angezogen werden – wenn Gaslighting perfekt ausgeführt wird, merken die Opfer vielleicht nicht, dass sie ins Gaslighting gezogen werden.

Wie ich bereits erwähnt habe, neigen Narzissten immer dazu, selbstbezogen zu sein, und infolgedessen haben sie normalerweise kein Interesse an anderen Menschen, es sei denn, es dient einem Zweck für sie. Aufgrund ihres Mangels an Einfühlungsvermögen sind sie normalerweise nicht in der Lage zu verstehen, was ihre Opfer fühlen – für sie ist alles nur ein großes Spiel.

Eine Person mit einer narzisstischen Persönlichkeitsstörung kann:

- Ein aufgeblasenes Gefühl der Selbstherrlichkeit an den Tag legen

- Ihre Leistungen übertreiben

- Auf Kritik mit Wut reagieren

- Andere zum persönlichen Vorteil benutzen

- Besondere Rücksichtnahme oder Sonderbehandlung erwarten

- Sehr kritisch gegenüber anderen sein

- Leicht neidisch und eifersüchtig werden

Das letztendliche Ziel eines narzisstischen Gaslighters ist es, absolute Kontrolle über seine Opfer zu erlangen. Daher ist sein erster Schritt, seine Opfer durch Gaslighting-Techniken zu brechen. Der Narzisst tut dies so lange, bis sein Opfer anfängt, an seiner eigenen Sichtweise und Realität zu zweifeln oder sie in Frage zu stellen, bis es anfängt, Mühe zu haben, sich selbst, seiner Vernunft und sogar seiner Wirklichkeit zu trauen. All dies führt zu einem Punkt, an dem das Opfer ein geringes Selbstwertgefühl entwickelt und beginnt, Abhängigkeitstendenzen zu zeigen. Das Ziel des narzisstischen Manipulators ist erreicht, wenn diese Dinge eintreten, und von diesem Punkt an kann er beginnen, seinem gebrochenen Opfer seine Wünsche aufzuzwingen, ohne auf viel Widerstand zu stoßen.

Gehirnwäsche

Gehirnwäsche bezieht sich auf eine Methode der Veränderung von Gedanken durch sozialen Einfluss. Diese Art der sozialen Beeinflussung passiert jeden Tag bei jedem Einzelnen von uns, ob wir uns dessen bewusst sind oder nicht. Zum Beispiel sind Compliance-Vorschriften am Arbeitsplatz auf die eine oder andere Weise eine Form der Gehirnwäsche, da sie von Ihnen verlangen, auf eine bestimmte Art zu denken und zu handeln, wann immer Sie am Arbeitsplatz sind.

In Bezug auf die dunkle Psychologie bezieht sich die Gehirnwäsche auf den Vorgang, bei dem eine Person oder eine Gruppe von Personen hinterhältige Methoden anwendet, um jemanden dazu zu bringen, seinen Willen dem des Manipulators anzupassen. Bei der Erörterung des Konzepts der Gehirnwäsche ist es wichtig, zwischen ehrlicher Überredung und Gehirnwäsche zu unterscheiden, da es heutzutage mehrere Möglichkeiten gibt, wie sich Menschen gegenseitig überreden, besonders in der Politik.

Grundsätzlich zielt Überredung darauf ab, das Verhalten, die Motivationen, die Absichten, die Einstellungen und die Überzeugungen des Gegenübers zu beeinflussen. Eine der Methoden, mit denen Menschen andere dazu bringen, sich ihrem Willen zu beugen, besteht darin, ein paar Dinge zu sagen, die typischerweise eine bejahende Antwort der Zielperson hervorrufen könnten. Als i-Tüpfelchen legen sie dann einige Fakten zur Untermauerung dazu. Am Ende erklären sie dann, was man tun soll. Betrachten Sie als Beispiel diese Aussage: "Sind Sie es leid, exorbitante Preise für den Schulbesuch Ihres Kindes zu zahlen? Was ist mit den steigenden Preisen für Gas und Strom? Sind Sie besorgt über die ständigen Unruhen und Streiks? Man sollte sich in Erinnerung rufen, dass die amtierende Regierung festgestellt hat, dass sich das Land allmählich einer Rezession nähert und dass die Treibstoffpreise weiter steigen werden, da sie den größten Einbruch der Wirtschaft seit dem Ende des Bürgerkriegs beobachten. Wir – die Demokraten – sind jedoch anderer Meinung! Wenn Sie also wollen, dass sich das Land zum

Besseren verändert, gehen Sie zur Wahl und stimmen Sie für die Demokraten." Die oben genannte Aussage ist nicht unbedingt ein Versuch der Gehirnwäsche und kann als Versuch betrachtet werden, Menschen zu überzeugen, für eine bestimmte politische Partei zu stimmen.

Bei der Gehirnwäsche hingegen geht es darum, jemanden davon zu überzeugen, seine bisherigen Überzeugungen aufzugeben, um neue Werte und Ideale zu übernehmen. Gehirnwäsche kann auf viele Arten durchgeführt werden, aber nicht jede dieser Arten ist per se schlecht. Zum Beispiel wird eine afrikanische Person, die sich entscheidet, nach Europa auszuwandern, unweigerlich gezwungen sein, ihre Werte und Ideale zu ändern, um sich an die neue Kultur und die Traditionen des europäischen Landes anzupassen, in das sie zieht. Das kann natürlich nicht als eine Form der Gehirnwäsche angesehen werden. Auf der anderen Seite kann ein Beispiel für eine offene Gehirnwäsche darin gesehen werden, wie Menschen in Konzentrationslagern oder in Ländern, in denen eine neue diktatorische Regierung an die Macht kommt, behandelt werden. Diese Menschen müssen oft durch einen

Prozess der Gehirnwäsche gehen, damit sie "überzeugt" werden, friedlich mitzumachen.

Damit die Gehirnwäsche effektiv funktioniert, muss das Subjekt oder die Zielperson den Prozess der Gehirnwäsche unter völliger Isolation durchlaufen, da der Einfluss auf das Subjekt tiefgreifend ist. Dies ist einer der Gründe dafür, dass viele Fälle von Gehirnwäsche, von denen Sie vielleicht schon gehört haben, in totalitären Sekten oder Gefangenenlagern auftreten.

Damit eine Gehirnwäsche erfolgreich sein kann, muss der Gehirnwäscher in der Lage sein, die totale Kontrolle über sein Gegenüber zu erlangen. Das bedeutet, dass er in der Lage sein muss, die Erfüllung aller menschlichen Grundbedürfnisse des Opfers zu kontrollieren, wie z. B. seine Schlaf- und Essgewohnheiten. Während des Prozesses der Gehirnwäsche arbeitet der Gehirnwäscher daran, die gesamte Identität des Subjekts systematisch aufzubrechen. Sobald die Identität aufgebrochen ist, fährt der Gehirnwäscher fort, sie durch die gewünschten Überzeugungen, Einstellungen und Verhaltensweisen zu ersetzen.

Schritte der Gehirnwäsche

Die Schritte der Gehirnwäsche, die ich in diesem Buch bespreche, wurden von einem Psychologen namens Robert Jay Lifton entwickelt. Nachdem er ehemalige Gefangene des Koreakrieges sowie Gefangene aus chinesischen Kriegslagern untersucht hatte, kam Robert auf zehn Schritte, die bei der Gehirnwäsche dieser Gefangenen verwendet wurden. Diese Schritte sind:

1. Angriff auf die Identität

2. Schuldgefühle

3. Selbstbetrug

4. Belastungsgrenze

5. Nachsicht

6. Zwang zum Geständnis

7. Kanalisieren von Schuld

8. Loslassen von Schuld

9. Fortschritt und Harmonie

10. Endgültige Beichte und Wiedergeburt

Wie ich bereits erwähnt habe, muss jeder Gehirnwäscheprozess in einer Umgebung stattfinden, die von der Außenwelt völlig isoliert ist, damit er erfolgreich ist. Obwohl Robert den Prozess in zehn Schritte unterteilt hat, unterteile ich diese Schritte in drei grobe Stufen, damit Sie besser verstehen können, was ein Proband während einer Gehirnwäsche grundsätzlich durchläuft.

Lassen Sie uns einen Blick auf diese drei Stufen werfen:

Brechen der Identität des Opfers

Die erste Stufe der Gehirnwäsche beinhaltet das Aufbrechen der alten Identität des Opfers. Dies geschieht, damit sich das Opfer verletzlich und offen für die neue Identität fühlt, die die Gehirnwäsche ihm aufzwingen will.

Dieser Schritt ist sehr wichtig und auch entscheidend für den Erfolg der Gehirnwäsche. Wenn es dem Gehirnwäscher nicht gelingt, die Identität des Opfers vollständig aufzubrechen, wird es für ihn schwierig – wenn nicht sogar nahezu unmöglich –, das Opfer dazu zu bringen, eine andere Identität anzunehmen. Wenn man also die Identität des Opfers bis zu dem Punkt aufbricht, an dem es anfängt, seine bisherigen Überzeugungen in Frage zu stellen, ist es für das Opfer leichter, später im Gehirnwäscheprozess eine neue Identität anzunehmen.

Das Aufbrechen der Identität des Opfers kann in den folgenden Schritten erfolgen, die im Folgenden erläutert werden:

- **Die Identität des Opfers angreifen:** Bei diesem Schritt geht es im Wesentlichen darum, das Opfer dazu zu bringen, zu glauben, dass es nicht das ist, was es zu sein glaubt. Dieser Schritt beinhaltet einen systematischen Angriff auf alles, was die Identität des Opfers ausmacht, wie z. B. seine Grundüberzeugungen. In diesem Schritt versucht der Gehirnwäscher, das Opfer glauben zu lassen, dass es nicht das ist, was es ist. Wenn das Opfer z. B. früher Christ war, wird der Gehirnwäscher es tage-, wochen- oder monatelang ständig angreifen und versuchen, es glauben zu machen, dass es kein Christ ist. Dieser Angriff wird so lange fortgesetzt, bis das Opfer geistig verwirrt ist und anfängt, daran zu zweifeln, ob es früher ein Christ war.

- **Schuldzuweisungen an das Opfer:** Bei diesem Schritt geht es im Wesentlichen darum, dem Opfer Schuldgefühle einzureden, dass es schlecht ist oder dass etwas mit ihm nicht stimmt. Dieser Schritt ruft beim Opfer ein tiefes Schuldgefühl hervor und gibt ihm das Gefühl, dass seine Schlechtigkeit oder Fehlerhaftigkeit behoben werden muss. Während das Opfer durch den ersten Schritt eine Identitätskrise erlebt, erzeugt der Gehirnwäscher gleichzeitig ein überwältigendes Gefühl von Schuld in der Zielperson. Gehirnwäscher greifen das Gegenüber wiederholt und erbarmungslos für jede "Sünde" an, die die Zielperson begangen hat. Sie kritisieren das Opfer für alles, von der "Bösartigkeit" seiner Überzeugungen bis hin zu der Art, wie es langsam oder schnell isst, bis die Zielperson beginnt, ein allgemeines Gefühl der Scham zu empfinden, dass alles, was sie tut, auf die eine oder andere Weise falsch oder schlecht ist.

- **Das Opfer zum Selbstbetrug zwingen:** In diesem Schritt geht es im Wesentlichen darum, das Opfer zu zwingen, zuzustimmen, dass es schlecht ist. Sobald das Opfer durch den Angriff auf seine Identität desorientiert ist und während es tiefe Schuldgefühle empfindet, zwingt der Gehirnwäscher das Opfer dazu, alles zu verleugnen, was mit seiner früheren Identität verbunden ist. Dies beinhaltet in der Regel, dass das Opfer gezwungen wird, seine Freunde und seine Familie zu verlassen, die denselben "falschen" Glauben teilen, dem das Opfer zuvor anhing. Der Verrat an den eigenen Überzeugungen sowie das Verlassen der Menschen, denen gegenüber das Opfer ein Gefühl der Loyalität empfindet, verstärkt letztlich die Scham und den Identitätsverlust des Opfers. Manchmal ist dieser Selbstverrat für das Opfer zu groß, um damit umzugehen, und das treibt es an seine Belastungsgrenze.

- **Das Opfer wird an seine Belastungsgrenze getrieben:** Da sich die Identität des Opfers in einer Krise befindet und es gleichzeitig ein tiefes Gefühl der Scham empfindet, weil es verraten hat, woran es immer geglaubt hat, kann das Opfer einen so genannten "Nervenzusammenbruch" erleiden. Dieser Zusammenbruch kann unkontrolliertes Schluchzen, tiefe Depression und allgemeine Desorientierung umfassen. Das Opfer kann den Bezug zur Realität verlieren und hat das Gefühl, völlig verloren und allein zu sein. Wenn das Opfer seine Belastungsgrenze erreicht hat, ist sein Selbstwertgefühl so gut wie verloren, da es keine klare Vorstellung davon hat, wer es ist und was mit ihm geschieht. An diesem Punkt stellt der Gehirnwäscher dann die Versuchung her, sie zu einem anderen Glaubenssystem zu bekehren. Der Gehirnwäscher stellt dies als etwas dar, das das Opfer von seinem Elend erlösen wird.

Die Möglichkeit der Erlösung

Nach der erfolgreichen Zerstörung der Identität des Opfers, die schließlich zu einem Nervenzusammenbruch führt, geht der Gehirnwäscher zur nächsten Stufe über. Diese nächste Stufe besteht darin, dem Opfer die Möglichkeit der Erlösung nach dem Nervenzusammenbruch anzubieten. Der Gehirnwäscher lässt das Opfer wissen, dass es ihm besser gehen kann, wenn es nur bereit ist, sich von seinem alten Glaubenssystem abzuwenden und das neue anzunehmen, das ihm angeboten wird.

Das Stadium der "Erlösungsmöglichkeit" wird normalerweise durch die vier unten aufgeführten Schritte durchgeführt:

- **Das Anbieten von Nachsicht:** Nachdem das Opfer so lange missbraucht wurde, dass es schließlich zusammengebrochen ist, bietet der Gehirnwäscher Nachsicht in Form einer kleinen Gefälligkeit oder eines Aufschubs vom ständigen Missbrauch an – diese kleine Gefälligkeit kann darin bestehen, dass er dem Opfer etwas sauberes Wasser anbietet oder sogar fragt, was es an seinem alten Leben vermisst. Nachdem das Opfer ständigen psychologischen Angriffen ausgesetzt war, erscheint dieser Akt der Freundlichkeit übermäßig großmütig und lässt das Opfer ein Gefühl der Erleichterung und Dankbarkeit erleben, das in keinem Verhältnis zu dem kleinen Akt der Freundlichkeit steht. In diesem Stadium ist es sogar üblich, dass ein solcher kleiner Akt der Freundlichkeit dem Opfer das Gefühl gibt, der Gehirnwäscher habe ihm etwa gerade das Leben gerettet.

- **Geständnis:** Die unverhältnismäßige Erleichterung, die das Opfer durch den kleinen Akt der Milde erfährt, weckt in ihm den Wunsch, die ihm angebotene Freundlichkeit zu erwidern. An diesem Punkt bietet der Gehirnwäscher dem Opfer dann die Möglichkeit, die "Sünden" seiner bisherigen Identität zu beichten. Der Gehirnwäscher lässt das Opfer wissen, dass dieser Akt des Bekennens es von allen Schuldgefühlen und Schmerzen, die es möglicherweise empfindet, befreien wird.

- **Kanalisierung der Schuldgefühle:** Nach Wochen oder Monaten des Übergriffs, der Verwirrung, des Zusammenbruchs und der Momente der Nachsicht haben die Schuldgefühle des Opfers jede Bedeutung verloren – er oder sie ist sich nicht sicher, was sie falsch gemacht haben, sie wissen nur, dass sie im Unrecht sind. Dadurch entsteht so etwas wie ein unbeschriebenes Blatt, das dem Gehirnwäscher erlaubt, die weißen Flecken auszufüllen. Der Gehirnwäscher verbindet dann diese Schuld, dieses Gefühl der "Fehlerhaftigkeit", mit allem, was er oder sie will; normalerweise wird die Schuld des Opfers mit dem Glaubenssystem verbunden, das der Gehirnwäscher zu ersetzen versucht. Das Opfer kommt dann zu der Überzeugung, dass es sein Glaubenssystem ist, das seine Scham verursacht hat. Damit ist der Kontrast zwischen dem alten und dem neuen Glaubenssystem hergestellt; das alte Glaubenssystem ist mit psychischen (und meist körperlichen) Qualen verbunden, während das neue Glaubenssystem mit der Möglichkeit verbunden ist, diesen Qualen zu entkommen.

- **Loslassen der Schuldgefühle:** An diesem Punkt ist das Opfer nun erleichtert, da es erfährt, dass es eine äußere Ursache für sein Unrecht oder seine Schlechtigkeit gibt, dass es nicht so ist, dass es unweigerlich negativ ist. Das bedeutet, dass das Opfer dem Falschsein entkommen kann, indem es das falsche Glaubenssystem anprangert und aufgibt. Das Opfer glaubt nun, dass alles, was es zu tun hat, darin besteht, alles anzuprangern, was mit seinem früheren Glaubenssystem verbunden ist, und der Schmerz hat ein Ende. Das Opfer glaubt nun, dass es die Macht hat, sich von dem Unrecht zu befreien, indem es Handlungen gesteht, die mit seinem alten Glaubenssystem verbunden sind. Mit den vollständigen Geständnissen hat das Opfer die psychologische Abkehr von seiner früheren Identität abgeschlossen. Es liegt nun an dem Gehirnwäscher, dem Opfer eine neue Identität anzubieten.

Wiederaufbau der Identität des Opfers

Dies ist die dritte und letzte Phase der Gehirnwäsche. In diesem Stadium hat das Opfer eine Reihe von Torturen durchgemacht, die ihm seine alte Identität nehmen sollen. In diesem Stadium hat das Opfer erkannt, dass sein früheres Glaubenssystem die Ursache für das Unrecht war, das es fühlte, und dass es dieses ändern muss, um sich wieder normal zu fühlen. Daher beginnt der Gehirnwäscher nun, die Identität des Opfers wieder aufzubauen, indem er die Ideale und Werte des neuen Systems in den Geist des Opfers einprägt. Zu diesem Zeitpunkt ist das

Opfer ein unbeschriebenes Blatt und ist sehr begierig darauf, das neue System zu erlernen, durch das es sich besser fühlt.

Der Wiederaufbau der Identität des Opfers erfolgt durch die beiden unten aufgeführten Schritte:

- **Fortschritt und Harmonie:** In diesem Schritt führt der Gehirnwäscher ein neues Glaubenssystem als den Weg zum "Gutwerden" ein. In diesem Stadium hat der Gehirnwäscher den Missbrauch beendet und bietet dem Opfer körperliches Wohlbefinden und geistige Ruhe in Übereinstimmung mit dem neuen Glaubenssystem. Dem Opfer wird das Gefühl gegeben, dass es zwischen dem alten und dem neuen System wählen muss, wodurch das Opfer das Gefühl bekommt, dass sein Schicksal in seinen eigenen Händen liegt. Da das Opfer bereits sein altes Glaubenssystem als Reaktion auf Nachsicht und Quälerei aufgekündigt und eine "bewusste Wahl" zugunsten des kontrastierenden Glaubenssystems getroffen hat, hilft dies, seine Schuld weiter zu lindern. Die Wahl fällt also nicht schwer, weil das Gegenüber inzwischen glaubt, dass die neue

Identität sicher und wünschenswert ist. Schließlich ist sie nicht mehr wie diejenige, die zum vorherigen Zusammenbruch geführt hat.

- **Endgültige Beichte und Wiedergeburt:** Durch den Vergleich der Qualen des alten Glaubenssystems mit der Friedlichkeit des neuen Glaubenssystems wählt das Opfer dann die neue Identität und klammert sich an sie wie an einen Rettungsring. Das Opfer lehnt das alte Glaubenssystem ab und schwört dem neuen Glaubenssystem die Treue – von dem es glaubt, dass es sein Leben besser macht. Normalerweise werden in diesem letzten Stadium oft Zeremonien abgehalten, um das bekehrte Opfer in seiner neuen Gemeinschaft willkommen zu heißen. Das neu bekehrte Opfer darf dann seine neue Identität annehmen und wird mit offenen Armen in der neuen Gemeinschaft empfangen. Anstatt isoliert und allein zu sein, hat das Opfer nun viele neue Freunde und Gemeindemitglieder an seiner Seite. Statt der Schuldgefühle und des Schmerzes, die das Opfer monatelang geplagt haben, empfindet das Opfer nun Glück und Friedfertigkeit. Die neue Identität ist nun die des Opfers und die Transformation der Gehirnwäsche ist damit abgeschlossen. Das Opfer ist erfolgreich mit einer neuen Identität und einem neuen Glaubenssystem wiedergeboren worden.

Wie Sie vielleicht schon bemerkt haben, kann der Prozess der Gehirnwäsche sich über einen Zeitraum von vielen Monaten oder sogar Jahren hinziehen. Die meisten Menschen sind in ihrer Identität und ihren Glaubensvorstellungen gefestigt; daher ist es nicht möglich, all dies in nur wenigen Tagen zu ändern, es sei denn, die Person wäre bereits bereit, sich zu ändern – und das würde die Gehirnwäsche unnötig machen. Außerdem wäre eine Isolation notwendig, weil äußere Einflüsse verhindern, dass sich die Person während dieses Prozesses auf den Gehirnwäscher verlässt, und das ist der Grund, warum die meisten Fälle von Gehirnwäsche in Gefangenenlagern und anderen isolierten Orten auftreten.

Sie brauchen also keine Angst zu haben, dass Sie einer Gehirnwäsche unterzogen werden. Die Tatsache, dass Sie sowohl von Menschen als auch von Technologien umgeben sind, wird den Prozess der Gehirnwäsche gegen Sie nutzlos machen. Nur eine Person in Isolation kann erfolgreich einer Gehirnwäsche unterzogen werden, und selbst dann dauert der Prozess in der Regel lange, da zahlreiche Schritte erforderlich sind, um die Identität und das Glaubenssystem einer Person zu ändern.

Hypnose

Hypnose ist eine dunkle Manipulationstechnik, über die die meisten Menschen wenig oder gar nichts wissen. Wenn Sie jemanden fragen, was er über Hypnose weiß, werden die meisten Menschen wahrscheinlich von Bühnenauftritten erzählen, bei denen der Hypnotiseur versucht, seine Probanden dazu zu bringen, etwas zu tun, was sie normalerweise nicht tun würden. Obwohl das eine Form der Hypnose ist, ist es nur ein winziger Teil des Konzepts der Hypnose.

Hypnose ist ein tranceähnlicher Zustand, der dem Schlaf ähnelt, aber von einer Person herbeigeführt wird, deren Suggestionen vom Probanden bereitwillig angenommen werden. Wenn eine Person hypnotisiert wird, begibt sie sich im

Grunde in einen anderen Geisteszustand, in dem sie empfänglich dafür ist, den Suggestionen des Hypnotiseurs zu gehorchen.

Bevor eine Person jedoch hypnotisiert wird, muss sie drei Phasen erfolgreich durchlaufen: Induktion, Suggestion und Empfänglichkeit. Genau wie die Phasen der Gehirnwäsche ist jede dieser Phasen wichtig für den Erfolg der Hypnose.

Lassen Sie uns einen Blick auf diese Stufen der Hypnose werfen und wie sie durchgeführt werden.

Empfänglichkeit

Bevor eine Person hypnotisiert werden kann, muss der Hypnotiseur sicherstellen, dass diese Person für den Prozess der Hypnose empfänglich ist. Menschen neigen dazu, unterschiedlich auf den Prozess der Hypnose zu reagieren; einige Menschen können leicht in eine hypnotische Trance fallen, während es eine Menge Zeit und Mühe braucht, bis andere Menschen hypnotisiert werden. Daher ist es dem Hypnotiseur überlassen, festzustellen, ob seine Zielperson für die Einflüsse der Hypnose empfänglich ist. Eine der

Möglichkeiten, wie ein Hypnotiseur versucht, die Empfänglichkeit seiner Zielperson herauszufinden, ist die Durchführung eines Augenrolltests. Die Zielperson wird gebeten, ihre Augen nach oben zu rollen, dann beobachtet der Hypnotiseur, ob er noch die Iris und die Hornhaut des Auges der Zielperson sehen kann. Grundsätzlich gilt: Je weniger Iris und Hornhaut zu sehen sind, desto anfälliger ist eine Person für eine Hypnose. Umgekehrt gilt: Je mehr Iris und Hornhaut zu sehen sind, desto unempfindlicher ist eine Person für die Hypnose.

Induktion

Stellt der Hypnotiseur fest, dass die Zielperson in hohem Maße empfänglich für Hypnose ist, beginnt er mit der Induktion.

In der Induktionsphase bereitet der Hypnotiseur die Zielperson auf alle Schritte vor, die notwendig sind, um den Teilnehmer in die gewünschte Richtung der Hypnose zu führen. Es gibt mehrere Induktionsverfahren, die ein Hypnotiseur ausprobieren kann; ich werde jedoch das gängigste Induktionsverfahren, bekannt als Braidism, beschreiben.

Um die Braidism-Technik anzuwenden, muss der Hypnotiseur einige Schritte befolgen, die im Folgenden hervorgehoben werden:

- Der erste Schritt erfordert, dass ein Gegenstand in die Hand genommen wird – vorzugsweise ein heller Gegenstand wie z. B. eine Stoppuhr aus Metall. Dann hält der Hypnotiseur diesen Gegenstand vor die Versuchsperson, wobei er den Gegenstand etwa 8-15 Zentimeter von den Augen der Versuchsperson entfernt hält.

- Als nächstes weist der Hypnotiseur die Versuchsperson an, darauf zu achten, dass ihre Augen immer auf das Objekt fixiert sind. Der Hypnotiseur weist die Versuchsperson auch darauf hin, ihre ungeteilte Aufmerksamkeit auf das Objekt zu richten. Damit der Induktionsprozess funktioniert, darf die Versuchsperson an nichts anderes denken als an das Objekt.

- Nach einer kurzen Zeit der Konzentration auf das Objekt beginnen sich die Augen der Testperson zu weiten. Um festzustellen, ob die Versuchsperson wirklich in Trance ist, bewegt der Hypnotiseur dann seine Finger von den Augen der Versuchsperson zu dem Objekt. Wenn die Versuchsperson nach dieser Bewegung unwillkürlich die

Augen schließt, befindet sie sich in Trance. Geschieht dies nicht, muss der Vorgang von vorne begonnen werden, bis die Person in einen veränderten Bewusstseinszustand übergeht.

Suggestion

Nachdem die Versuchsperson erfolgreich in einen veränderten Bewusstseinszustand versetzt wurde, hat der Hypnotiseur nun alle Möglichkeiten, die Versuchsperson so zu manipulieren, dass sie seinen Anweisungen Folge leistet. Er tut dies, indem er "suggeriert", was das Opfer tun soll. Die Suggestion kann in Form von direkten mündlichen Suggestionen erfolgen, die auch Anspielungen, Metaphern und Redewendungen beinhalten. In manchen Fällen können die Suggestionen jedoch auch in nonverbaler Form erfolgen, z. B. durch körperliche Manipulationen, den Tonfall der Stimme und mentale Bilder, um ihre Opfer dazu zu bringen, ihren Willen zu erfüllen.

Emotionale Erpressung

Emotionale Erpressung ist eine Form der dunklen Manipulation, bei der jemand Ihre Gefühle benutzt, um Ihr Verhalten zu kontrollieren oder Sie dazu zu bringen, die Dinge aus seiner Sicht zu sehen. Mit dieser Technik versucht der Manipulator, Sympathie oder Schuldgefühle in seiner Zielperson zu wecken. Dies sind die beiden stärksten Emotionen, die der Mensch empfindet, und sie reichen oft aus, um die Person dazu zu bringen, das zu tun, was der Manipulator will. Der Manipulator macht sich diese Tatsache normalerweise zunutze, um zu bekommen, was er will; er benutzt die Sympathie oder die Schuldgefühle, die er hervorruft, um die Testperson zur Kooperation oder Hilfe zu zwingen. Normalerweise wird der Grad des Mitgefühls oder der Schuldgefühle unverhältnismäßig hoch angesetzt, sodass die Versuchsperson noch eher bereit ist, in der Situation zu kooperieren.

Der Sinn der emotionalen Erpressung ist es, mit den Emotionen der Zielperson zu spielen, sodass sie das Gefühl hat, aus freiem Willen mitzuarbeiten. Bei normaler Erpressung muss die Zielperson mit einer Bedrohung umgehen, meist in Form von körperlichem Schaden für sich selbst oder jemanden, den sie liebt. Bei der emotionalen Erpressung hingegen arbeitet der Manipulator daran, Emotionen zu wecken, die stark genug sind, um das Gegenüber zum Handeln anzuspornen. Diese Emotionen können dazu führen, dass der Betroffene denkt, dass er aus freiem Willen hilft, während in Wirklichkeit der Manipulator derjenige ist, der die richtigen Knöpfe drückt.

Das Verständnis der Dynamik der emotionalen Manipulation kann Ihnen dabei helfen, sich aus dem kontrollierenden Verhalten einer anderen Person zu befreien oder mit dem Zwang umzugehen, Dinge zu tun, die für andere unangenehm, unerwünscht, belastend oder aufopferungsvoll sind.

Wie emotionale Erpressung abläuft

Emotionale Erpressung durchläuft sechs bestimmte Phasen; diese sind:

Forderung: Die erste Stufe der emotionalen Erpressung beinhaltet eine Forderung. Ein emotionaler Manipulator stellt möglicherweise eine Forderung, die besagt, dass Sie sich nicht mit einer bestimmten Person treffen sollen.

Er kann diese Forderung offen aussprechen, indem er Ihnen direkt sagt: "Halten Sie sich von dieser Person fern, sonst...", oder seine Forderung kann in einer subtileren Form gestellt werden. Wenn er Sie zum Beispiel mit der Person sieht, von der Sie sich fernhalten sollen, könnte er einen Schmollmund machen oder sein Gesicht verziehen. Das bringt Sie dazu, sie zu fragen, was nicht stimmt, worauf sie antworten: "Ich mag nicht, wie sie dich ansehen" oder "Ich glaube nicht, dass sie dir guttun."

Obwohl Manipulatoren ihre Forderung als Sorge um Sie verbrämen, ist es immer noch ein Versuch, die Wahl Ihres Freundes zu kontrollieren.

Widerstand: Die zweite Stufe der emotionalen Erpressung beinhaltet in der Regel, dass Sie sich dem Versuch der Manipulation widersetzen. Von der obigen Forderung ausgehend, könnten Sie widersprechen und Ihrem anderen Freund sagen, dass Sie das Recht haben, mit wem auch immer Sie wollen, zusammen zu sein. In dieser Phase denken Sie im Grunde, dass er die Forderung fallen lassen oder sie vergessen würde. Wie Sie jedoch in der nächsten Phase feststellen

84

werden, geben Manipulatoren nicht auf oder vergessen die Sache.

Druck: Nachdem Sie sich gegen seine Forderungen gewehrt haben, kann ein emotionaler Manipulator dazu übergehen, Sie unter Druck zu setzen, damit Sie seinen Forderungen nachgeben. In einer normalen Beziehung wird Ihr Partner, sobald Sie sich gegen eine bestimmte Forderung wehren, diese entweder fallen lassen oder versuchen, einen Kompromiss in dieser Frage zu finden. Bei einem emotionalen Erpresser ist es jedoch genau andersherum: Anstatt die Forderung fallen zu lassen oder nach Wegen zu suchen, einen Kompromiss zu finden, wird er Sie eher unter Druck setzen, damit Sie seinen Forderungen nachgeben. Manipulatoren könnten versuchen, ihre Forderung in einer Weise zu wiederholen, die sie gut aussehen lässt (z.B. "Ich versuche nur, auf dich aufzupassen"). Oder sie fangen an aufzuzählen, wie sich Ihr Widerstand "negativ" auf sie auswirkt (z.B. "Ich kann nicht schlafen, weil ich ständig darüber nachdenke, warum du dich meiner Idee widersetzt").

Emotionale Erpresser sind in der Regel nicht darauf bedacht, zu viel Druck zu machen; daher bleiben sie hartnäckig, bis sie schließlich bekommen, was sie wollen.

Drohungen: Wenn es nicht funktioniert, Sie unter Druck zu setzen, wird ein emotionaler Erpresser in der Regel dazu übergehen, Sie zu bedrohen. Die Drohungen können direkt sein (z.B. "Wenn du dich noch einmal mit dieser Person triffst, werde ich mit dir Schluss machen") oder indirekt (z.B. "Wenn du mir nicht zuhören kannst, verdienst du mich vielleicht nicht"). Ein emotionaler Manipulator setzt Drohungen meist als letzten Ausweg ein. Er benutzt Drohungen, um Sie vor die Wahl zu stellen, entweder weiterhin Widerstand zu leisten oder seinen Forderungen nachzugeben.

Nachgeben: Da Sie natürlich nicht wollen, dass er seine Drohungen wahr macht, geben Sie auf und fügen sich. In diesem Stadium fragen Sie sich vielleicht sogar, ob ihre "Forderung" Ihren Widerstand überhaupt gerechtfertigt hat.

Nachgeben kann ein langwieriger Prozess sein, da Sie mit der Zeit durch Druck und Drohungen zermürbt werden. Sobald Sie jedoch nachgeben, weicht der Aufruhr dem Frieden.

Manipulatoren haben bekommen, was sie wollten, und erscheinen deshalb vielleicht besonders freundlich und liebevoll – zumindest für den Moment.

Wiederholung: Da Sie dem emotionalen Manipulator gezeigt haben, dass Sie letztendlich seinen Forderungen nachgeben werden, weiß er nun genau, wie er ähnliche Situationen in Zukunft spielen kann.

Daher lehrt Sie der Prozess der emotionalen Erpressung mit der Zeit, dass es einfacher ist, nachzugeben, als sich anhaltendem Druck und Drohungen zu stellen. Sie werden vielleicht akzeptieren, dass ihre Liebe an Bedingungen geknüpft ist und etwas, das Manipulatoren Ihnen vorenthalten werden, bis Sie ihnen zustimmen oder ihren Forderungen nachgeben.

Der emotionale Manipulator könnte sogar lernen, dass eine bestimmte Art der Bedrohung das Ziel schneller erreicht; daher wird dieses Muster oder dieser Zyklus oder Prozess wahrscheinlich fortgesetzt.

Emotionale Erpressungsstrategien

Typischerweise gibt es drei Strategien, die emotionale Manipulatoren einsetzen: Angst, Verpflichtung und Schuldgefühle. Ein emotionaler Manipulator kann alle drei Strategien zusammen anwenden oder sich nur auf eine oder zwei von ihnen verlassen.

Angst: Emotionale Manipulatoren sind Experten darin, mit der Angst ihres Opfers zu spielen, um zu erreichen, was sie wollen. Da emotionale Erpressung meist in engen Beziehungen stattfindet, nutzt der Erpresser sein Wissen über die Ängste des Opfers aus. Sie nutzen die Ängste des Opfers, um es zu manipulieren, damit es das tut, was sie wollen.

Ein emotionaler Manipulator kann verschiedene Arten von Ängsten ausnutzen, wie z. B. die Angst vor dem Verlassenwerden, die Angst vor Konfrontation, die Angst vor heiklen Situationen und die Angst um die körperliche Sicherheit, um sein Opfer dazu zu bringen, seinen Forderungen nachzukommen. Niemand möchte in einer Position der Angst sein, und emotionale Manipulatoren wissen das und nutzen in der Regel diese Schwäche bei ihren Opfern aus. Viele Menschen werden alles tun, um sich nicht ängstlich zu fühlen, und da die Angst von dem emotionalen Manipulator kommt, der etwas will, gibt das Opfer unweigerlich der Forderung des Manipulators nach.

Verpflichtung: Wir neigen dazu, uns den Menschen um uns herum verpflichtet zu fühlen. Wir empfinden ein Gefühl der Loyalität und Pflicht gegenüber den Menschen in unserem Leben, und das bringt uns normalerweise dazu, den Wünschen der uns nahestehenden Menschen nachzukommen. Emotionale Manipulatoren wissen das und nutzen jede Gelegenheit, uns an diese Verpflichtungen zu erinnern, indem sie die Knöpfe drücken, die uns dazu bringen, uns verpflichtet zu fühlen, zu tun, was sie wollen. Zum Beispiel kann ein Elternteil sein Kind an all die "Opfer" erinnern, die es für dieses Kind gebracht hat, und ihm damit unterstellen, dass es verpflichtet ist, seine Wünsche zu erfüllen.

Schuldgefühle: Schuldgefühle sind sehr stark mit Verpflichtungen verknüpft. Wenn eine Person etwas nicht tut, von dem sie glaubt, es tun zu müssen, neigt sie dazu, Schuldgefühle zu empfinden. Emotionale Manipulatoren wissen das und neigen dazu, dies auszunutzen. Sie können ihren Opfern Schuldgefühle einreden, weil sie ihren Forderungen nicht nachgeben, unabhängig davon, ob die Forderung angemessen ist oder nicht.

Arten von emotionaler Erpressung

Es gibt vier verschiedene Arten von emotionaler Erpressung und jede dieser Arten wird mit verschiedenen Manipulationstaktiken ausgeführt. Behalten Sie im Hinterkopf, dass ein emotionaler Erpresser eine oder mehrere dieser Rollen annehmen kann, um Sie dazu zu bringen, das zu tun, was er will.

Der Bestrafer: Bestrafer arbeiten mit dem Bedürfnis, ihren Willen um jeden Preis zu bekommen. Sie stellen Forderungen und erwarten, dass diese erfüllt werden, ohne Rücksicht auf die Gefühle und Bedürfnisse der anderen Person. Bestrafer bestehen darauf, zu bekommen, was sie wollen, und drohen mit Bestrafung, wenn sie nicht bekommen, was sie wollen. Die bevorzugte Strategie, die diese Art von Erpressern am häufigsten einsetzt, ist Angst. Sie könnten die Angst des Opfers vor dem Alleinsein ausnutzen, indem sie damit drohen, die Beziehung zu beenden, wenn es nicht auf ihre Forderungen eingeht.

Der Selbstbestrafer: Auf der anderen Seite drohen Selbstbestrafer damit, sich selbst zu verletzen, wenn ihr Partner nicht das tut, was sie brauchen. Grundsätzlich wenden Selbstbestrafer die Taktik an, sich selbst zu bestrafen oder mit Bestrafung zu drohen, da sie wissen, dass dies ihren Partner in Bedrängnis bringt und ihn letztendlich dazu zwingt, ihren Wünschen nachzukommen.

Der Leidtragende: Leidtragende neigen dazu, ihrem Partner ihr Elend vorzuhalten, um ihn dazu zu bringen, das zu tun, was sie wollen. Normalerweise behaupten sie, dass sie leiden werden, wenn ihr Partner ihren Wünschen nicht nachkommt. Daher neigen sie dazu, ihrem Partner die Schuld für ihr "Leiden" zu übertragen, wenn er ihren Wünschen nicht nachkommt.

Der Verführer: Ein Verführer neigt dazu, eine Art von Belohnung zu versprechen, wenn seine Wünsche erfüllt werden. Sie manipulieren die Menschen in ihrer Umgebung, indem sie eine Art von Belohnung anbieten. Ein Verführer kann so weit gehen, Sex als Belohnung anzubieten, wenn seine Wünsche erfüllt werden. Das Versprechen einer Belohnung veranlasst seine Opfer in der Regel dazu, seinen Forderungen nachzukommen.

Kategorien von emotional manipulativem Verhalten

Es ist wichtig, die grundlegende Dynamik von manipulativen und missbräuchlichen Beziehungen zu verstehen. Psychologen haben zahlreiche spezifische Techniken der Verhaltensveränderung ausgemacht, die häufig von emotionalen Manipulatoren eingesetzt werden. Einige dieser Techniken sind:

Positive Verstärkung: Diese Technik wurde von dem Verhaltenspsychologen B.F. Skinner erkannt, dessen Theorie der operanten Konditionierung aus seinen Experimenten mit kleinen Tieren in Käfigen hervorgeht. In seinem Experiment, mit dem er die Theorie der positiven Verstärkung beweisen wollte, verwendete er Käfige, die mit zwei Hebeln ausgestattet waren; ein Hebel tat nichts, während der andere ein

Futterpellet ausgab, wenn das kleine Tier ihn drückte. Bald lernten die Tiere durch positive Verstärkung, welchen Hebel sie drücken mussten, um ihre Belohnung zu erhalten.

Emotionale Manipulatoren setzen positive Verstärkung in ihren Strategien ein, indem sie Techniken wie Lob, falsche und oberflächliche Gefühlsbekundungen wie Charme und Sympathie, übermäßige Belohnungen einschließlich Geschenken, Geld, Anerkennung und Aufmerksamkeit und andere äußere Gefühlsbekundungen einsetzen, die dem Opfer ein gutes Gefühl geben sollen.

Negative Verstärkung: Der andere Teil von Skinners Experiment bewies die Wirksamkeit der negativen Verstärkung. Für diesen Teil seines Experiments wurden wieder kleine Tiere in Käfige gesetzt, die wiederum mit zwei Hebeln ausgestattet waren. Diesmal wurden die Käfige mit einer schwachen elektrischen Spannung aufgeladen, die bei den Tieren, die sich in den Käfigen befanden, leichtes Unbehagen verursachte. Sobald sie in den Käfigen waren, drückten die Tiere einen der beiden Hebel. Einer der Hebel führte zu keinem Ergebnis, während der andere den elektrischen Strom stoppte und das Unbehagen linderte. Bald lernten die Tiere, den Hebel zu drücken, der ihre Schmerzen linderte.

Unregelmäßige Verstärkung: Unregelmäßige Verstärkung kann entweder positiv oder negativ sein und wird verwendet, um Zweifel, Angst oder Unsicherheit zu erzeugen. Ein emotionaler Manipulator kann sein Opfer "trainieren", indem er unregelmäßige Belohnungs- und Bestrafungsmechanismen einsetzt, um das Gefühl des Vertrauens, der Kontrolle und der Autonomie des Opfers zu verringern.

In einer Liebesbeziehung kann der Täter das Opfer zum Beispiel dazu bringen, bestimmte Kleidung zu tragen, bestimmte Musik zu hören, bestimmte Nahrungsmittel zu essen und in einem bestimmten Beruf zu arbeiten. Wenn das Opfer in dieser Beziehung an Selbstvertrauen gewinnt, kann der Täter beginnen, sein Opfer zu entmutigen, das dann überrumpelt wird. Während das Opfer sich bemüht, zu reagieren, kann der Manipulator erneut seine Taktik ändern.

Bestrafung: Bestrafung ist eine sehr grundlegende Form der emotionalen Manipulation, die eine ganze Reihe psychologisch und emotional negativer und schädigender Verhaltensweisen beinhalten kann, wie z. B. Drohungen, Anschreien, Nörgeln, Jammern, Einschüchterung, Beleidigungen, Schuldgefühle und andere Formen emotionaler Erpressung. Geschickte Täter können einen Weg finden, dieses missbräuchliche und kontrollierende Verhalten mit der Zeit in die Beziehung einzubauen, sodass das Opfer den Missbrauch im Laufe der Zeit akzeptiert.

Traumatisches Lernen durch einen Versuch: Diese Technik ist mit dem Einsatz von Bestrafungen verwandt, ist aber kein Merkmal einer langfristigen Beziehung, sondern beinhaltet einzelne Abschnitte, in denen der Manipulator verbale Beschimpfungen, Demonstrationen von Wut und andere Formen von Dominanz und Einschüchterung einsetzt, um das Opfer von bestimmten Verhaltensweisen abzuhalten.

Kapitel 4: Die Auswirkungen des dunklen psychologischen Missbrauchs

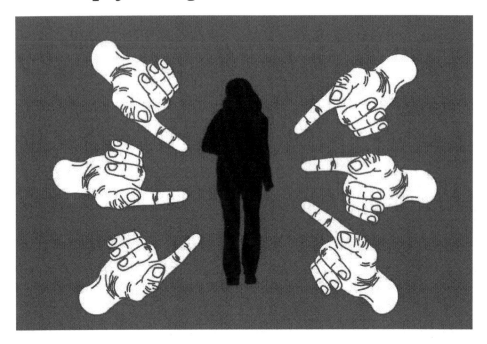

Die Auswirkungen von dunklem psychologischem Missbrauch werden sowohl vom Täter als auch vom Opfer erlebt, werden aber meist von den Opfern empfunden. Dunkler psychologischer Missbrauch neigt dazu, das Opfer hauptsächlich emotional zu beeinträchtigen; allerdings kann es für die Opfer meist schwierig sein, Anzeichen von psychologischem Missbrauch zu erkennen, da sie unauffällig sein können, besonders am Anfang.

Dunkler psychologischer Missbrauch hat sowohl kurz- als auch langfristige Auswirkungen, unabhängig davon, wie lange oder kurz der Missbrauch stattgefunden hat. Zum Beispiel neigt das Erleben von Narzissmus dazu, den Selbstwert, das Selbstgefühl, die Persönlichkeit und die eigenen Wertvorstellungen zu zerstören. Ständige narzisstische Angriffe zu erleben, kann sogar dazu führen, dass Sie Ihre Schranken aufgeben und dem Narzissten erlauben, Sie zu kontrollieren.

Die Auswirkungen der dunklen Psychologie sind zahlreich, je nachdem, welche Art von Missbrauch Sie erleben oder gerade erleben. Ich unterteile jedoch die Auswirkungen des dunklen psychologischen Missbrauchs in drei verschiedene Gruppen, nämlich: geistige Probleme, Verhaltensprobleme und seelische Probleme.

Im Folgenden sind einige der allgemeinen Auswirkungen aufgeführt, die dunkle Psychologie auf Sie haben kann.

Geistige Probleme

Das Erleben dunkler psychologischer Manipulationen kann Ihre geistigen Fähigkeiten beeinträchtigen. Einige kognitive Auswirkungen der dunklen Psychologie können sein:

- Schlechtes Problemlösungsverhalten

- Schlechtes abstraktes Denken

- Schlechte Aufmerksamkeitsspanne oder Entscheidungsfähigkeit

- Schlechtes Konzentrationsvermögen

- Verwirrung

- Albträume

- Gefühl der Ungewissheit

- Orientierungslosigkeit bezüglich Zeit, Ort oder Person

- Erhöhte oder herabgesetzte Wachsamkeit

- Erhöhte Wachsamkeit

- Misstrauen

- Beunruhigende Bilder

- Erhöhte oder verminderte Wahrnehmung der Umgebung

<u>Verhaltensprobleme</u>

Dunkle Psychologie wirkt sich nicht nur auf Ihre geistigen Fähigkeiten aus, sondern kann auch Auswirkungen auf Ihr Verhalten haben. Zu den Verhaltenseffekten oder -problemen, die durch den Missbrauch dunkler Psychologie verursacht werden können, gehören:

- Rückzug

- Unsoziale Handlungen

- Unvermögen, sich auszuruhen

- Gesteigerte Geschäftigkeit

- Verlust von Vertrauen

- Essstörungen

- Veränderung der sozialen Beziehungen

- Verlust oder Zunahme des Appetits

- Überempfindlichkeit gegenüber der Umwelt

- Erhöhter Alkoholkonsum

- Veränderung der Kommunikation

Seelische Probleme

Zu guter Letzt kann sich dunkler psychologischer Missbrauch negativ auf Ihre Emotionen auswirken und Ihnen seelische Probleme bereiten. Zu den emotionalen Auswirkungen des dunklen psychologischen Missbrauchs gehören:

- Angst

- Schuldgefühle

- Kummer

- Panik

- Verleugnung

- Furcht

- Unruhe

- Reizbarkeit

- Depression

- Heftige Wut

- Beklemmung

- Seelischer Schock

- Emotionale Ausbrüche

- Gefühl der Überforderung oder Müdigkeit

- Verlust der emotionalen Kontrolle

- Unangemessene emotionale Reaktionen

Zusätzlich zu den oben genannten Auswirkungen von dunklem psychologischem Missbrauch leidet ein Opfer von dunklem psychologischem Missbrauch häufig unter dem so genannten Stockholm-Syndrom – vor allem, wenn das Opfer dem Missbrauch über einen längeren Zeitraum ausgesetzt war.

Das Opfer bekommt extreme Angst vor seinem Missbraucher, bis zu dem Punkt, dass es schließlich eine Bindung mit ihm eingeht, um den Missbrauch zu unterbinden. Ein Opfer, das unter dem Stockholm-Syndrom leidet, könnte sogar die missbräuchlichen Handlungen des Täters verteidigen, da es sich daran gewöhnt hat, missbraucht zu werden. Aus diesem Grund ist es für Menschen, die unter dunkler psychischer Misshandlung leiden, manchmal schwierig, ihre missbrauchenden Partner zu verlassen.

Kapitel 5: Anzeichen dafür, dass Sie manipuliert werden

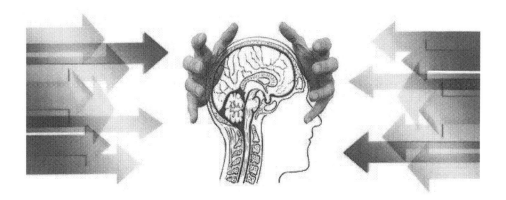

Die Anzeichen dafür, dass Sie eine Form der Manipulation erleben, sind vielfältig und hängen in der Regel von der Manipulationstechnik ab, mit der Sie beeinflusst werden. Oftmals sind die Anzeichen für Manipulation nicht körperlich, sondern seelisch und manchmal schwer zu erkennen. Das liegt daran, dass Manipulationsexperten es verstehen, ihre manipulativen Praktiken so weit zu verschleiern, dass sie sich selbst manchmal als das Opfer darstellen, wenn Sie schließlich um sich schlagen. Wenn man Sie bittet, Fälle von manipulativem Missbrauch zu nennen, die Sie erlebt haben, fällt es Ihnen deshalb manchmal schwer, ein bestimmtes Ereignis zu benennen, das Ihnen besonders auffällt.

Abgesehen davon kann man manipulative Menschen überall finden, da Manipulation nicht nur in Liebesbeziehungen vorkommt. Ein Manipulator kann ein narzisstisches Familienmitglied, ein psychopathischer Freund oder ein machiavellistischer Kollege am Arbeitsplatz sein. Daher variieren die Anzeichen dafür, dass Sie von einer dieser Personen manipuliert werden, je nach ihrer gewählten Manipulationstechnik.

Auch wenn die Anzeichen für eine Manipulation nicht unbedingt offensichtlich sind, gibt es dennoch einige Warnzeichen, die Ihnen signalisieren können, dass Sie manipuliert werden. Wenn Sie in der Lage sind, diese Warnzeichen zu erkennen, hilft Ihnen das sehr, sich vor jeder Form von Manipulation zu schützen.

Was sind also diese Anzeichen?

Lassen Sie uns einen Blick auf einige von ihnen werfen.

Warnzeichen für Gaslighting

Anzeichen für Gaslighting in Beziehungen

Gaslighting ist eine häufige Form der Manipulation, die in Beziehungen auftritt. Das liegt daran, dass normalerweise eine Art von Vertrautheit zwischen dem Täter und dem Opfer vorhanden sein muss, bevor irgendeine Form von Gaslighting stattfinden kann. Diese Nähe zwischen dem Täter und dem Opfer trägt in der Regel zum Erfolg des Gaslighting bei, da es für einen Gaslighter schwierig wäre, jemanden, mit dem er absolut keine Form von Vertrautheit teilt, ins Gaslighting zu ziehen.

Gaslighting findet normalerweise in einer Liebesbeziehung statt, da eines der Werkzeuge des Gaslighting die Liebe ist. Gaslighter neigen dazu, die Liebe ihres Opfers auf eine zwanghafte und sadistische Art und Weise auszunutzen, die damit endet, dass ihre Opfer glauben, dass sie den Bezug zur Realität verlieren. Interessant ist, dass Gaslighting-Manipulationen umso häufiger vorkommen, je länger Paare zusammen sind. Außerdem kann Gaslighting auch als Zwangskontrolltaktik in einer Beziehung eingesetzt werden –

vor allem, wenn der Gaslighter der Haupteinkommensbezieher in der Beziehung ist.

Wie ich bereits in diesem Buch erwähnt habe, ist Gaslighting in der Regel eine Form der Manipulation, die von narzisstischen Personen eingesetzt wird. Aufgrund des fehlenden Einfühlungsvermögens eines Narzissten sind sie in der Lage, ihre Partner systematisch zu täuschen, so dass sie glauben, dass sie die Quelle all ihrer Probleme sind, während sie ihren Partner kritisieren, herabsetzen und missbrauchen, ohne für ihre eigenen Fehler verantwortlich zu sein.

Der Prozess des Gaslighting ist langwierig und verläuft in der Regel in Stufen. Zu Beginn einer Beziehung bemerkt das Opfer vielleicht, dass etwas Unangenehmes in der Beziehung passiert, kann aber nicht genau sagen, was es ist. Im Laufe der Zeit wird das Opfer dann zunehmend verwirrt, zermürbt und seelisch erschöpft von den manipulativen Taktiken, der Gleichgültigkeit, den Beschimpfungen und Einschüchterungen des Täters. Daher führt dieser Vorgang dazu, dass er sich selbst verstärkt, denn je mehr die Gaslighting-Taktiken die Abwehrkräfte des Opfers schwächen, desto verletzlicher und hilfloser werden sie gegenüber fortgesetztem Missbrauch.

Nachfolgend sind Warnzeichen oder Warnhinweise aufgeführt, die in der Regel darauf hinweisen, dass Sie in einer Beziehung mit Gaslighting konfrontiert sind:

- Ein häufiges Warnzeichen für Gaslighting ist, immer zu denken oder anzunehmen, dass alles, was schief läuft, Ihre Schuld ist.

- Sich oft zu entschuldigen, besonders wenn Sie das Gefühl haben, nichts falsch gemacht zu haben, ist auch ein Zeichen dafür, dass Sie mit einem Gaslighter zusammen sind. Ein Gaslighter bringt sein Opfer immer in die missliche Lage, dass er automatisch davon ausgeht, dass alles, was schief läuft, die Schuld des Opfers ist. Daher entschuldigt sich ein Gaslighter niemals, wenn etwas passiert, denn für ihn sieht es so aus, als ob er einen Fehler gemacht hätte, wenn er sich entschuldigt. Und glauben Sie mir, wenn ich sage, dass kein manipulativer Gaslighter jemals zugeben will, dass er etwas falsch gemacht hat. Selbst wenn Gaslighter es getan haben, würden sie es lieber Ihnen anhängen, als sich dafür zu entschuldigen.

- Ein weiteres Warnzeichen ist, sich zu fragen, ob Sie zu sensibel auf die Handlungen einer Person reagieren. Das ist eines der Hauptmerkmale einer manipulativen Person, die ihren Partner unter Druck setzt – sie wird ihrem Partner oft sagen, dass er übermäßig sensibel ist.

- Ein Gefühl zu haben, dass etwas nicht stimmt, aber nicht in der Lage zu sein, genau zu sagen, was falsch ist, ist ebenfalls ein Warnzeichen dafür, dass Sie unter Gaslicht stehen. Aufgrund der heimtückischen Beschaffenheit von Gaslighting ist es gewöhnlich nicht möglich, eindeutige Fälle von Gaslighting auszumachen.

- Sie sind ängstlicher und weniger zuversichtlich als früher – vor allem, wenn Sie in der Nähe des Manipulators sind.

- Ein weiteres Warnzeichen dafür, dass Sie unter Gaslighting leiden, ist das Gefühl, dass alles, was Sie tun, falsch ist. Das ist genau das, wie der Gaslighter möchte, dass Sie sich fühlen. Eigentlich ist es sein oberstes Ziel, Sie dazu zu bringen, sich so zu fühlen.

- Entschuldigungen für das manipulative Verhalten Ihres Partners zu finden. Dies ist ein Nebeneffekt des Stockholm-Syndroms, das ich im vorigen Kapitel erwähnt habe.

- Sie fühlen sich hoffnungslos und haben wenig oder gar keine Freude an Aktivitäten, die Ihnen früher Spaß gemacht haben. Dies ist in der Regel ein Nebenprodukt von ständigen und langfristigen Manipulationen.

- Das Gefühl, von Freunden und Familie isoliert zu sein. Ein Gaslighter wird in der Regel versuchen, Sie von Ihrer Familie und Ihren Freunden zu isolieren, damit er Sie leichter seinen manipulativen Praktiken unterwerfen kann.

Anzeichen für Gaslighting am Arbeitsplatz

Obwohl Gaslighting in der Regel eine Art der Manipulation ist, die in einer Beziehung stattfindet, kann es seine Tentakel auch auf den Arbeitsplatz ausweiten. Die Hierarchien von Macht und Autorität am Arbeitsplatz bieten in der Regel ein manipulatives Druckmittel für Gaslighter.

Einige Verhaltensweisen von Gaslighting am Arbeitsplatz können die folgenden sein:

- Anerkennung für Ihre Arbeit und Mühe stehlen

- Anerkennung für eine gemeinsame Aufgabe nicht teilen wollen

- Böswillige und verleumderische Lügen über Sie am Arbeitsplatz verbreiten

- Andere Mitarbeiter gegen Sie aufhetzen

- Ungerechtfertigte negative Beurteilungen abgeben

- Sie bei der Arbeit belästigen oder einschüchtern

- Sie in Anwesenheit anderer Mitarbeiter als inkompetent darstellen oder sich so fühlen lassen

Genau wie in anderen Situationen, in denen Gaslighting stattfindet, führt das Erleben von Gaslighting am Arbeitsplatz in der Regel zu verschiedenen Problemen für die Opfer, wie z.

110

B. Angst, Erschöpfung, Ohnmacht und das Anzweifeln ihrer Wahrnehmungen.

Letztendlich ist das Erleben von Gaslighting-Taktiken oder -Verhaltensweisen, wie die oben genannten, sehr schädlich für die seelische Gesundheit des Opfers. Gaslighting am Arbeitsplatz führt oft dazu, dass die Opfer ängstlich zur Arbeit gehen, sich von den anderen Kollegen entfremdet fühlen und sich bei der Arbeit unglücklich und unzufrieden fühlen.

Gaslighting am Arbeitsplatz kann sowohl auf persönlicher als auch auf organisatorischer Ebene großen Schaden anrichten; daher müssen sowohl Arbeitgeber als auch Mitarbeiter Warnzeichen erkennen und so schnell wie möglich handeln, um den Schaden zu verhindern, der durch Gaslighting am Arbeitsplatz entsteht.

Anzeichen für Gaslighting bei Kindern

Aufgrund der Verletzlichkeit und Machtlosigkeit von Kindern können auch sie Ziel von Gaslighting-Taktiken innerhalb des Familiensystems sein – insbesondere durch ihre Eltern.

Da sie wahrscheinlich dasselbe von ihren Eltern erlebt haben und es dadurch als normal ansehen, wissen manche Eltern vielleicht nicht, dass das, was sie tun, im Grunde Gaslighting ist und dass es eine schwerwiegende und verheerende Wirkung auf ihre Kinder hat.

Eltern setzen ihre Kinder unter Druck, indem sie sie lächerlich machen, ihnen das Gefühl geben, wertlos oder ungeliebt zu sein, entweder durch barsche Worte oder grobe Handlungen, indem sie sie davon überzeugen, dass sie nicht normal sind – besonders durch die Wortwahl, die sie ihnen gegenüber an den Tag legen, indem sie sie mit anderen Kindern vergleichen und ihnen das Gefühl geben, unzulänglich zu sein, entweder durch verbale oder nonverbale Mittel.

Zwangskontrolle und Gaslighting durch Eltern kann sich auf folgende Weise äußern:

- Kindern kann es verboten werden, Freunde im Haus zu haben, um zu verhindern, dass andere sehen, was in der Familie vor sich geht.

- Eltern könnten ihre Kinder von der Teilnahme an sozialen Aktivitäten abhalten, indem sie ihnen unrealistische Hausaufgaben und Aufgaben auferlegen.

- Eltern könnten versuchen, Kontrolle auszuüben, indem sie die Kinder von ihren Freunden isolieren und ihnen so die Möglichkeit nehmen, sich gegenseitig zu unterstützen.

- Genau wie beim Gaslighting am Arbeitsplatz könnten Eltern Feindseligkeit und Spannungen zwischen Geschwistern erzeugen, indem sie sie durch ständige Vergleiche gegeneinander ausspielen.

- Eltern könnten ihren Kindern verbieten, ihre Gefühle oder Meinungen auszudrücken, und so eine vergiftete Umgebung schaffen.

- Manche Eltern könnten so tief sinken, dass sie ihren Kindern wichtige Ressourcen wie bestimmte Lebensmittel oder Technologien vorenthalten.

- Sich über ihre Kinder lustig zu machen oder destruktive Sticheleien einzusetzen, ist ebenfalls eine Methode des Gaslighting.

- In gestörten oder missbräuchlichen Haushalten werden die Kinder für das Chaos verantwortlich gemacht

- Das Erzwingen von übermäßigen Regeln und Vorschriften im Haus ist ebenfalls ein Beispiel für Gaslighting.

- Respekt beruht auf Gegenseitigkeit. Respekt von den Kindern zu verlangen und ihn nicht zu erwidern, ist normalerweise ein Zeichen für Gaslighting.

Die oben genannten Ausprägungen sind einige der Methoden, durch die Eltern dazu neigen, ihre Kinder bewusst oder unbewusst mittels Gaslighting zu schikanieren. Abgesehen davon, dass es für die seelische Gesundheit der Kinder schädlich ist, neigen die Kinder dazu, dieses Verhalten als normal anzusehen und es schließlich an die nächste Generation weiterzugeben. Es ist daher wichtig, den Kreislauf des Gaslighting-Verhaltens zu durchbrechen, bevor es seinen negativen Einfluss auf weitere potenzielle Opfer ausdehnt.

Typische Beispiele für Gaslighting

Neben den Anzeichen und Beispielen für Gaslighting in Liebesbeziehungen, am Arbeitsplatz und in der Familie – vor allem, wenn es gegen Kinder gerichtet ist – gibt es noch andere klassische Beispiele, die darauf hinweisen, dass Sie ganz sicher Gaslighting ausgesetzt sind.

Diese Beispiele umfassen:

Die Verharmlosung Ihrer Gefühle: Gaslighter versuchen immer, die Bedeutung Ihrer Gefühle herunterzuspielen. Sie lassen es so aussehen, als ob das, was Sie fühlen, es nicht einmal wert ist, darüber zu reden, und dass Sie aus einer Fliege einen Elefanten machen. Sie behaupten vielleicht sogar, dass der Grund für Ihre Gefühle darin liegt, dass Sie zu feinfühlig sind.

Sie sollen glauben, dass die Leute hinter Ihrem Rücken reden: Eine weitere klassische Taktik eines Gaslighters ist es, Ihnen weiszumachen, dass andere Leute hinter Ihrem Rücken über Sie reden. Sie gehen vielleicht noch weiter, indem sie einige vage Andeutungen fallen lassen, aber wenn Sie genau hinhören, werden Sie feststellen, dass sie nur versuchen, Sie in der Nähe anderer Leute paranoid zu machen. Das oberste Ziel von Gaslightern ist es, Sie zu isolieren, indem sie Sie dazu bringen, sich von anderen Menschen fernzuhalten. Sie können ihren Schwindel auffliegen lassen, indem Sie sie bitten, Ihnen die Namen der Leute zu nennen, die "hinter Ihrem Rücken reden".

Ihre Worte Ihnen gegenüber leugnen: Als Teil des letztendlichen Plans eines Gaslighters, Sie verrückt erscheinen zu lassen, leugnen sie oft ihre Worte zu Ihnen – besonders Dinge, die sie zu Ihnen gesagt haben, wenn keine andere Person dabei war. Gaslighter wissen, dass Sie keine Beweise dafür haben, dass sie gesagt haben, was auch immer Sie behaupten mögen, dass sie gesagt haben. Daher liegt die Beweislast immer allein auf den Schultern des Opfers.

Verstecken von Gegenständen vor Ihnen, um Sie verrückt aussehen zu lassen: Um Sie noch verrückter aussehen zu lassen, versteckt ein Gaslighter in der Regel Gegenstände vor Ihnen und tut dann so, als ob sie nichts damit zu tun hätten. Es kann sein, dass er Ihre Autoschlüssel verlegt und an einem ganz anderen Ort versteckt; wenn Sie dann anfangen, danach zu suchen, kann er Sie beiläufig darauf hinweisen und Ihnen sagen, dass Sie jetzt die Angewohnheit haben, zu vergessen, wo Sie Ihre Sachen aufbewahren.

Dies sind nur einige Beispiele für die heimtückische Natur des Gaslighting. Das Makabre an Gaslighting ist, dass es in der Regel schwer zu beweisen ist, da ein Gaslighter oft weiß, wie er seine Spuren verwischt. Ein Gaslighter weiß auch, dass er nicht versuchen sollte, Sie im Beisein einer anderen Person unter Druck zu setzen – es sei denn, die andere Person ist eingeweiht. Daher finden die meisten Gaslighting-Taktiken normalerweise im Privaten statt, fernab von den Augen anderer Menschen.

Außerdem neigen Gaslighter dazu, bestimmte Arten von Wörtern zu verwenden, wenn sie versuchen, eine Person zu manipulieren. Wenn Sie also von einer Person ins Gaslighting gezogen werden, hören Sie sie vielleicht Folgendes sagen:

- "Du bist überempfindlich!"

- "Du bist zu emotional!"

- "Du bildest dir das nur ein!"

- "Kannst du dich überhaupt selbst hören, was du da sagst, ergibt keinen Sinn!"

- "Du weißt, dass du verrückt klingst, oder?"

- "Du denkst dir immer Sachen aus!"

- "Das war ein Scherz, nimm nicht alles so persönlich!"

- "Du bist zu dramatisch!"

- "Du machst aus einer Mücke einen Elefanten!"

- "Du bist zu misstrauisch."

- "Findest du nicht, dass du überreagierst?!"

Vielleicht fällt Ihnen auf, dass die meisten der obigen Aussagen mit dem Wort "Du" beginnen. Das liegt daran, dass ein Gaslighter ein Experte darin ist, die vermeintlichen Defizite in einer anderen Person zu benennen, während er so gut wie nie die Auswirkungen seiner eigenen Aussagen oder seines Verhaltens anerkennt oder persönliche Verantwortung dafür übernimmt.

Fragen, die Sie stellen sollten, um zu wissen, ob Sie Opfer von Gaslighting sind

Im Folgenden finden Sie einige Fragen, die Sie sich stellen sollten, wenn Sie das Gefühl haben, dass Sie von Gaslighting betroffen sind.

- Haben Sie das Gefühl, dass Sie nicht mehr wiederzuerkennen sind?

- Haben Sie das Gefühl, dass Sie nichts richtig machen können?

- Fühlen Sie sich in Ihrer Beziehung festgefahren oder machtlos?

- Prahlt der potenzielle Gaslighter regelmäßig über sich selbst?

- Erzählt der potenzielle Gaslighter häufig Lügen?

- Erwidert der potenzielle Gaslighter nicht den Respekt, den er von Ihnen verlangt?

- Wird Ihnen ständig gesagt, dass Sie zu feinfühlig sind?

- Fühlen Sie sich häufig benebelt und verwirrt?

- Zweifeln Sie oft an sich selbst und Ihren Handlungen?

- Fühlen Sie sich in der Regel nervös, verängstigt oder ängstlich, wenn Sie in der Nähe des Gaslighters sind?

- Haben Sie das Gefühl, dass Ihre Gefühle oder Gedanken oft verharmlost werden?

- Haben Sie das Gefühl, dass Sie Ihr Selbstvertrauen verlieren?

- Erleben Sie häufig Unentschlossenheit?

- Ertappen Sie sich dabei, dass Sie an Ihrer Erinnerung oder Ihren Wahrnehmungen zweifeln?

- Ertappen Sie sich dabei, wie Sie Ausreden für den potenziellen Gaslighter finden?

- Fühlen Sie sich durch den potenziellen Gaslighter eingeschüchtert oder verängstigt?

- Haben Sie oft das Gefühl, allein zu sein oder von Ihren Freunden oder Ihrer Familie abgeschnitten zu sein?

- Haben Sie das Gefühl, dass Sie ständig die Schuld auf sich nehmen, auch wenn Sie nichts falsch gemacht haben?

Wenn Sie eine größere Anzahl der oben genannten Fragen mit "Ja" beantworten, ist die Wahrscheinlichkeit groß, dass Sie derzeit von Gaslighting betroffen sind. Machen Sie sich darüber keine Sorgen, im folgenden Kapitel erkläre ich Ihnen, wie Sie sich vor Gaslighting schützen können.

Anzeichen für Gehirnwäsche

Zwanghaft: Opfer einer Gehirnwäsche zeigen in der Regel eine ausgeprägte Besessenheit von einer bestimmten Person oder einer Gruppe.

Abhängigkeit: Die Abhängigkeit von einer bestimmten Person oder einer Gruppe für die Lösung von Problemen ohne vernünftiges Nachdenken ist ebenfalls ein Anzeichen für ein Opfer einer Gehirnwäsche. Auch eine offensichtliche Unfähigkeit, unabhängig zu denken oder Situationen ohne die Person, von der sie abhängig sind, zu hinterfragen, ist ein Anzeichen für eine Gehirnwäsche.

Blindes Einverständnis: Das Opfer einer Gehirnwäsche wird fraglos allem zustimmen, was seine Gruppe oder sein Anführer vorgibt, ohne Rücksicht auf die Schwierigkeit, im Gleichschritt zu folgen, oder auf die Konsequenzen, die dies mit sich bringt. Für ein Opfer einer Gehirnwäsche ist alles, was die Gruppe oder der Anführer tut, gerechtfertigt, egal wie grausam oder schädlich es ist.

Isolation: Das Opfer einer Gehirnwäsche isoliert sich zunehmend von Familie und Freunden, es sei denn, sie zeigen Interesse an der Gruppe oder dem Anführer.

Rückzug aus dem Leben: Opfer von Gehirnwäsche wirken oft zurückgezogen. Es scheint ihnen in der Regel die Persönlichkeit zu fehlen, die sie besaßen, bevor sie einer Gehirnwäsche unterzogen wurden. Im Grunde fühlt es sich meist so an, als ob sie ein Schatten ihres früheren Selbst geworden sind.

Anzeichen von Hypnose

Zu den klassischen Anzeichen einer Hypnose gehören die folgenden:

Flattern der Augenlider: Normalerweise werden Sie sich nicht bewusst sein, dass dies geschieht. Wenn Sie beginnen, sich auf den Hypnoseprozess einzulassen, insbesondere wenn Sie anfangs Ihre Augen schließen, um die eigentliche Hypnose zu beginnen, flattern Ihre Augenlider oft sehr schnell. Gleichzeitig oder auch als eigenständiges Zeichen neigen Ihre Augen dazu, sich bei geschlossenen Augenlidern schnell unter den Lidern zu bewegen. Diese Augenbewegung ist sehr häufig bei

Personen zu beobachten, wenn sie hypnotisiert werden und gebeten werden, sich bestimmte Dinge im Kopf vorzustellen.

Körperliche Entspannung: Obwohl Sie hypnotisiert werden können, ohne entspannt zu sein, ist die Möglichkeit der Entspannung ein Merkmal, das viele Menschen mit einer Hypnose in Verbindung bringen. Sehr auffallend ist das Erschlaffen der Gesichtsmuskulatur, was die Versuchsperson in der Regel erstaunlich anders aussehen lässt; der Kiefer kann auch tiefer hängen. Diese Art der Entspannung ist in der Regel ein Zeichen dafür, dass eine Art von innerer Veränderung stattfindet.

Die Pulsfrequenz ändert sich: Normalerweise kann sich zu Beginn der Hypnosesitzung Ihr Puls beschleunigen, da Sie sich mit einem gewissen Maß an Besorgnis auf das "Unbekannte" einlassen. Dies geschieht besonders dann, wenn Sie sich zum ersten Mal diesem Prozess unterziehen.

Änderung des Atemrhythmus: Wie der Puls kann auch Ihre Atmung auf die gleiche Weise schwanken.

Subtiles Zucken: Wenn Ihr Körper entspannt ist, kann es zu winzigen unwillkürlichen Zuckungen kommen, während Sie hypnotisiert werden.

Katalepsie: Dies bezieht sich auf die Unfähigkeit, Ihren Körper oder Teile davon freiwillig zu bewegen, weil Sie so sehr in den Hypnoseprozess und die damit verbundene Wahrnehmung vertieft sind. Es ist sehr selten, dass sich hypnotisierte Menschen sehr viel bewegen – wenn überhaupt – während sie hypnotisiert sind.

Veränderte Sinne: Während der Hypnose ist es nicht ungewöhnlich, dass Sie das Gefühl haben, dass Ihre Sinne verändert sind. Sie könnten eine Art Schwere oder Leichtigkeit in Ihren Gliedern spüren. Manche Menschen werden unter Hypnose hochempfindlich, andere das Gegenteil.

Diese oben genannten körperlichen Anzeichen sind verallgemeinert; Sie können einige oder alle von ihnen spüren. In dem Moment jedoch, in dem Sie eines dieser Anzeichen spüren, ist es ein Zeichen dafür, dass Sie in einen hypnotischen Zustand abgleiten.

Anzeichen von Psychopathie

Zu den klassischen Anzeichen von Psychopathie gehören die folgenden:

- Krankhaftes Lügen
- Gerissenheit und Manipulation
- Mangel an Einfühlungsvermögen
- Parasitärer Lebensstil
- Fehlen von Reue oder Schuldgefühlen
- Schlüpfrigkeit/oberflächlicher Charme
- Bedürfnis nach Anregung/Anfälligkeit für Langeweile
- Schlechte Kontrolle des Verhaltens
- Impulsivität
- Ausschweifendes Sexualverhalten
- Frühe Verhaltensauffälligkeiten
- Unverantwortlichkeit
- Jugendkriminalität
- Unfähigkeit, Verantwortung für sein Handeln zu übernehmen
- Kriminelle Vielseitigkeit – d.h. Begehen diverser Arten von Straftaten
- Übersteigertes Selbstwertgefühl
- Fehlen von realistischen, langfristigen Zielen

Anzeichen für emotionale Erpressung

Hier sind ein paar Anzeichen dafür, dass Sie es mit emotional manipulativen Menschen zu tun haben könnten:

Sie sind von Natur aus prahlerisch: Manipulative Menschen sind in der Regel von Natur aus prahlerisch, da sie dazu neigen, sehr offen darüber zu sprechen, wie wunderbar sie sind. Wenn es jemandem an Bescheidenheit und Taktgefühl zu mangeln scheint, ist das in der Regel ein Warnzeichen dafür, dass er von Natur aus manipulativ sein könnte.

Sie sind egozentrisch: Emotionale Manipulatoren sind extrem egozentrische Menschen. Deshalb neigen sie dazu, unangemessene Forderungen an ihre Partner zu stellen, ohne die Meinungen oder Wünsche ihrer Partner zu berücksichtigen. Manipulatoren neigen dazu, nur an sich selbst zu denken, ohne die Gefühle anderer Menschen zu berücksichtigen.

Sie sind unempfänglich für Kritik und Ratschläge: Emotionale Manipulatoren schätzen kaum konstruktive Kritik an ihren manipulativen Handlungen. Sie betrachten jeden

Ratschlag, der ihnen gegeben wird, als eine Beleidigung ihrer Intelligenz, da sie glauben, dass ihnen niemand sagen kann, wie sie ihr Leben leben sollen. Im Grunde genommen bringt es nichts, einen emotionalen Erpresser zu kritisieren, außer dass Sie in sein "schwarzes Buch" aufgenommen werden.

Sie neigen dazu, die Erfolge von anderen herunterzuspielen: Emotionale Manipulatoren können es nicht ertragen, wenn jemand besser dasteht als sie; daher machen sie es sich zur Aufgabe, die Leistungen anderer Menschen herabzusetzen. Sie können es nicht ertragen, wenn andere Menschen erfolgreich sind und es ihnen gut geht – vor allem, wenn es ihnen selbst nicht so geht. Wenn also jemand, wahrscheinlich ihr Partner, etwas erreicht, egal wie großartig diese Leistung auch sein mag, werden Manipulatoren, anstatt sich für ihn zu freuen, Mittel und Wege finden, diese Leistung zu verunglimpfen. Im Grunde wollen emotionale Manipulatoren immer, dass sich alles nur um sie dreht.

Ihre Stimmung ist oft instabil und sprunghaft: Emotionale Manipulatoren sind nur dann glücklich, wenn sie ihren Willen bekommen. In dem Moment jedoch, in dem die Dinge nicht so laufen, wie sie es wollen, in dem Moment, in dem sie auf irgendeine Form von Widerstand gegen ihre Ideen stoßen, neigt ihre Stimmung dazu, sich schlagartig zu ändern. Emotionale Manipulatoren nutzen ihre sprunghaften Stimmungen in der Regel, um ihre Partner auf Trab zu halten und sie auf Linie zu bringen. Meistens, wenn die Stimmung eines emotionalen Manipulators sich ändert, sind ihre Partner in der Regel darauf eingestellt, zu versuchen, ihre Stimmung wieder in den Normalzustand zu bringen, und die einzige Möglichkeit, dies zu erreichen, ist, den Forderungen des Manipulators unweigerlich nachzugeben.

Andere Anzeichen für emotionale Manipulation

Wenn ich von emotionaler Manipulation spreche, ist es meiner Meinung nach klar, dass ich von einer Manipulation spreche, die innerhalb einer Paarbeziehung oder zwischen zwei Personen stattfindet, zwischen denen eine Beziehung und eine sehr enge Bindung besteht. Sobald also eine tatsächliche Manipulation vorliegt, können Sie eines oder mehrere der folgenden Anzeichen feststellen:

- Wiederkehrende Albträume

- Häufiges Gefühl der Verwirrtheit oder Verwirrung

- Wenig Vertrauen in den eigenen Realitätssinn

- Unfähigkeit, sich an Details von Gesprächen mit dem Manipulator zu erinnern

- Symptome von Angstzuständen: Magenbeschwerden, Tachykardie, Engegefühl in der Brust, Panikattacken

- Angst oder Unruhe in der Gegenwart des Manipulators

- Anstrengung, sich selbst und Freunden zu sagen, dass die Beziehung mit dem Manipulator in Ordnung ist

- Versuch, Gespräche mit Freunden und Verwandten über Ihre Beziehung mit dem Manipulator zu vermeiden

- Tiefe Traurigkeit

- Wut

Anzeichen für Manipulation in Ihrer Freundschaft

Hier sind ein paar Anzeichen für Manipulation in Ihrer Freundschaft:

Passive Aggression: Wenn Sie eine Art von passiver Aggression durch Ihre Freunde erfahren, ist das ein Zeichen dafür, dass sie Sie manipulieren. Einige Manipulatoren neigen dazu, eine direkte Konfrontation zu vermeiden; daher greifen sie normalerweise darauf zurück, ihre Opfer mit passiv-aggressiven Handlungen zu kontrollieren. Passiv-aggressives Verhalten wird oft von Freunden eingesetzt, die nicht als aggressiv erscheinen wollen. Zu den passiv-aggressiven Handlungen gehören die Verwendung zweideutiger Worte, Schmollen oder Schweigen, übermäßige Kritik an den Menschen um Sie herum oder sarkastische Bemerkungen. Oftmals ist es jedoch schwierig, passive Aggression zu erkennen, da der eigentliche Zweck des Verhaltens darin besteht, Direktheit zu vermeiden und gleichzeitig verdeckt aggressiv zu sein. Ein Beispiel für passive Aggression ist ein Mitbewohner, der sich über seinen Mitbewohner aufregt, weil er ihm nicht bei der Hausarbeit hilft. Anstatt den Mitbewohner damit zu konfrontieren, kann es sein, dass er anfängt, den

Mitbewohner auszublenden, zu ignorieren oder abweisend mit ihm zu sprechen, während er darauf besteht, dass "alles in Ordnung ist", wenn er auf sein passiv-aggressives Verhalten angesprochen wird.

Er meldet sich nur, wenn er etwas von Ihnen braucht: Eine weitere Möglichkeit zu erkennen, ob Ihr Freund manipulativ ist, ist, wenn er sich nur dann bei Ihnen meldet, wenn er etwas braucht. Eine Freundschaft sollte nicht so aussehen, ein Freund sollte eine bestimmte Rolle in Ihrem Leben einnehmen. Wenn Ihr "Freund" nirgendwo zu finden ist, wenn Sie ihn als Freund brauchen, aber plötzlich wieder auftaucht, wenn er einen Gefallen von Ihnen braucht, dann zeigt ein solcher Freund Anzeichen von Manipulation.

Er bittet um viele Gefallen, ohne sie zu erwidern: Freunde, die Sie auf diese Weise manipulieren, versuchen immer abzuschätzen, wie weit Sie gehen werden, um ihre Bitten zu erfüllen. Diese Art von Freunden wird nur deshalb Ihr Freund, weil sie das Gefühl haben, dass sie Sie leicht rumkriegen können. Am Anfang fangen ihre Bitten und Forderungen klein an und es macht Ihnen vielleicht nichts aus, ihnen entgegenzukommen. Im Laufe der Zeit – vor allem, wenn sie sehen, dass Sie immer auf ihre Wünsche eingehen – neigen sie jedoch dazu, ihre Forderungen zu erhöhen. Und das ist der Zeitpunkt, an dem es offensichtlich wird, dass mit Ihnen gespielt wird. Ein Beispiel für diese Art von manipulativem Verhalten können Sie im Folgenden sehen: David und Max sind befreundet und nutzen dasselbe Fitnessstudio, das sich am anderen Ende der Stadt befindet. Bevor sie Freunde wurden, ist Max immer ohne Probleme zum Fitnessstudio gefahren, aber in dem Moment, in dem er mit David "befreundet" wurde, fing er an zu behaupten, dass er nicht gerne Auto fährt. Da es David nichts ausmachte, zu fahren, holte er Max normalerweise von zu Hause ab, bevor er zum Fitnessstudio fuhr. Nachdem er dies jedoch eine ganze Weile gemacht hatte, bemerkte David, dass Max anfing zu verlangen, dass er ihn zu anderen Orten fährt – und schlug sogar einmal vor, dass David ihn zu seinem Date fahren sollte! In diesem Moment wurde David klar, dass seine Freundschaft mit Max von Anfang an an Bedingungen geknüpft war.

Sie hören nie auf Sie: Eines der Anzeichen dafür, dass Ihr Freund manipulativ sein könnte, ist, wenn er Ihnen nie zuhört, wenn Sie mit ihm reden. Wenn Sie zum Beispiel das Gefühl haben, dass Ihr Freund Sie immer ausblendet, wenn Sie mit ihm reden, während er Sie nur einbezieht, wenn er derjenige ist, der redet, dann könnte Ihre Freundschaft mit ihm einseitig und manipulativ sein. Das gilt besonders dann, wenn die meisten Gespräche, die Sie mit ihm führen, nie von Ihnen handeln.

Sie wollen immer das Sagen haben: Wenn Ihr Freund immer das Sagen haben will, wenn er Entscheidungen trifft, dann ist er möglicherweise manipulativ. Das gilt besonders dann, wenn sie dazu neigen, sich aufzuregen, wenn Sie vorschlagen, bestimmte Dinge anders zu machen. Wenn jemand nicht gewillt ist, Ihren Standpunkt zu sehen, oder wenn er immer denkt, dass seine Art und Weise die beste und richtige Vorgehensweise ist, dann ist er mit Sicherheit manipulativer Natur.

Sie verteidigen sich immer: Ein Zeichen für einen manipulativen Freund ist, wenn Ihr Freund sich immer aufregt oder sich verteidigt, wenn Sie ihn mit seinen manipulativen Verhaltensweisen konfrontieren. Wenn Sie ihn mit seinem

Verhalten konfrontieren, wird er in der Regel sehr abwehrend und weigert sich, sich Ihre Sichtweise anzuhören. Eine häufige Taktik ist, dass sie emotional werden, um Ihre Aufmerksamkeit vom eigentlichen Problem abzulenken. Wenn Sie ständig das Gefühl haben, dass Ihre Anliegen nicht bei ihnen ankommen, dann haben Sie es möglicherweise mit Manipulation zu tun.

Anzeichen für Manipulation in Ihrer Beziehung

Hier sind ein paar Anzeichen für Manipulation, die Ihnen in Ihrer Beziehung begegnen könnten:

Belanglose Streitereien: Wenn Ihr Partner immer wieder kleinliche Streitereien mit Ihnen anzettelt – vor allem, wenn Sie sich seinen Forderungen widersetzen – ist das ein Zeichen dafür, dass er manipulativ ist. Manipulative Menschen verwenden diese Taktik normalerweise als Kontrolltechnik in einer Beziehung. Sie glauben, dass das Anzetteln kleinlicher Streitereien mit Ihnen Sie letztendlich dazu bringen wird, ihren Forderungen nachzugeben.

Sie schieben Ihnen immer die Schuld in die Schuhe: Wenn Ihr Partner Ihnen immer die Schuld für Dinge gibt, die Sie nicht getan haben, ist das ein Zeichen dafür, dass er manipulativ ist. Manipulatoren verwenden diese Taktik normalerweise immer dann, wenn sie Sie dazu bringen wollen, etwas für sie zu tun. Sie wissen, dass Sie sich schlecht fühlen, wenn sie Ihnen die Schuld geben, und dass Sie dann unweigerlich ihren Forderungen nachgeben.

Sie sind von Natur aus heimlichtuerisch: Eine manipulative Person hat ständig Geheimnisse vor ihren Partnern. Sie sind von Natur aus extrem heimlichtuerisch, wollen aber immer, dass Sie ihnen gegenüber jederzeit offen sind. Sie könnten zum Beispiel feststellen dass Ihr Partner immer aus dem Zimmer geht, wenn er einen Anruf entgegennehmen will, oder dass er dazu neigt, ohne Sie an bestimmte Orte zu gehen, oder dass er dazu neigt, Dinge zu tun, ohne mit Ihnen darüber zu sprechen; wenn Sie jedoch eines der oben genannten Dinge tun, neigt er dazu, in die Luft zu gehen. Im Grunde wollen Manipulatoren Privatsphäre, aber sie lassen sie Ihnen nicht. Sie wollen immer Ihr Telefon überprüfen, würden Ihnen aber nie erlauben, das Gleiche zu tun. Dies ist ein Zeichen für Manipulation.

Sie neigen dazu, Sie als Sündenbock zu benutzen: Manipulative Menschen übernehmen nie die Verantwortung für ihr Handeln, sondern finden immer Wege, Ihnen ihre Fehler in die Schuhe zu schieben. Zum Beispiel könnte Ihr Partner vergessen, sein Auto nachts abzuschließen. Anstatt zuzugeben, dass er einen Fehler gemacht hat, wird er einen Weg finden, Sie dafür verantwortlich zu machen, möglicherweise indem er Ihnen sagt, dass er vergessen hat, sein Auto abzuschließen, weil Sie ihn mit einem Gespräch abgelenkt haben.

Sie versuchen, Sie von Ihren Freunden und Ihrer Familie zu isolieren: Um Sie vollständig manipulieren und kontrollieren zu können, wird eine manipulative Person versuchen, Sie von Menschen zu isolieren, die sich um Sie sorgen. Sie tun dies, um die alleinige kontrollierende Kraft in Ihrem Leben zu werden. Eine manipulative Person weiß, dass sie Sie leicht manipulieren kann, wenn Sie keinen Zugang zu den Menschen haben, die sich um Sie sorgen, ohne Angst vor dem Eingreifen von Menschen, die sich wirklich um Sie sorgen.

Sie neigen dazu, Ihre Liebenswürdigkeit auszunutzen: Die meisten manipulativen Menschen sind gerne in der Nähe von Menschen, die von Natur aus freundlich sind, damit sie diese ausnutzen können. Wenn eine manipulative Person merkt, dass Sie von Natur aus freundlich sind, wird sie versuchen, Ihre Freundlichkeit auszunutzen, indem sie ständig überzogene Forderungen an Sie stellt. Es ist Manipulatoren egal, ob ihre Forderung Ihnen Unannehmlichkeiten bereitet oder für Sie schwer zu erfüllen sein könnte.

Sie neigen dazu, Sie herabzusetzen: Wenn Ihr Partner Sie ständig beschimpft und herabsetzt, ist er mit Sicherheit manipulativ veranlagt. Manipulatoren verwenden diese Taktik, um ihren Partnern das Gefühl zu geben, wertlos zu sein und sie unter ihren Einfluss zu bringen. Sie geben Ihnen auf raffinierte Weise das Gefühl, dass Sie ihnen unterlegen sind oder dass Sie unter ihnen stehen, oder sie vermitteln Ihnen vielleicht sogar das Gefühl, dass Sie ohne sie nichts sind. Manipulatoren können sogar so weit gehen, Ihnen zu sagen, dass sie nie an Ihnen interessiert waren, sondern sich nur mit Ihnen eingelassen haben, weil Sie zur Verfügung standen. Das ist natürlich eine manipulative Taktik, um Ihnen das Gefühl zu geben, weniger wert zu sein als Sie es sind.

Sie interpretieren Ihre Worte ständig falsch: Eine manipulative Person reißt Ihre Worte immer aus dem Zusammenhang und interpretiert sie falsch, damit sie in ihren eigenen Kontext passen. Sie tun dies, um Psychospielchen mit Ihnen zu spielen. Manipulatoren versuchen vielleicht, Ihnen Worte in den Mund zu legen oder verdrehen eine unschuldige Bemerkung, die Sie gemacht haben, so, dass sie in ihre eigene verquere Vorstellung passt. Normalerweise tun sie das, um sich mit Ihnen zu streiten und Sie geistig zu zermürben.

Sie machen die Beziehung zu ihrer eigenen Angelegenheit: Ein weiteres Anzeichen für Manipulation in einer Beziehung ist, dass sich die Beziehung immer einseitig anfühlt. Es kann sogar sein, dass Sie das Gefühl haben, in der Beziehung allein zu sein. Zum Beispiel könnte Ihr Partner Sie meiden, wenn Sie versuchen, über sich selbst zu sprechen oder darüber, wie Ihr Tag gelaufen ist. Er könnte ignorieren, was Sie sagen, oder versuchen, das Gespräch auf sich selbst zu lenken, und Ihnen damit das Gefühl geben, dass Ihre Probleme mit seinen nicht vergleichbar sind.

Sie zeigen passiv-aggressive emotionale Verhaltensweisen: Sie zeigen passiv-aggressives Verhalten, z. B. ignorieren sie es, mit Ihnen darüber zu sprechen, was sie stört, sondern entscheiden sich für eine bestimmte Handlung, von der sie wissen, dass sie Sie beleidigen oder verärgern wird. Sie äußern vielleicht beiläufig unhöfliche Kommentare, wenn sie wissen, dass Sie in der Nähe sind, oder sie hinterlassen absichtlich ein Chaos und erwarten, dass Sie es aufräumen. Zum Beispiel könnte eine manipulative Person, nachdem sie damit konfrontiert wurde, dass sie die Hausarbeit nicht erledigt hat, ein passiv-aggressives Verhalten an den Tag legen, indem sie beim nächsten Mal absichtlich die Hausarbeit mangelhaft erledigt, und wenn sie damit konfrontiert wird, behauptet sie, dass sie ihr Bestes getan hat.

Sie wärmen ständig Ihre Fehler auf: Es ist normal, Fehler zu machen, weil es in unserer menschlichen Natur liegt. Wenn Sie Fehler machen, würden normale Menschen Ihnen verzeihen und den Fehler vergessen; bei manipulativen Menschen ist es jedoch umgekehrt. Manipulative Menschen bringen Ihre Fehler immer und immer wieder zur Sprache – vor allem, wenn sie sich bei Ihnen nicht durchsetzen können.

Sie schikanieren Sie ständig: Wenn Sie in einer Beziehung ständig schikaniert werden, ist die Wahrscheinlichkeit groß, dass Sie mit einer manipulativen Person zusammen sind. Eine manipulative Person wirkt in der Regel gemein, hinterhältig und droht ständig mit Gewalt, um Sie dazu zu bringen, ihren Forderungen nachzukommen.

Kapitel 6: Sich vor dunkler Psychologie schützen

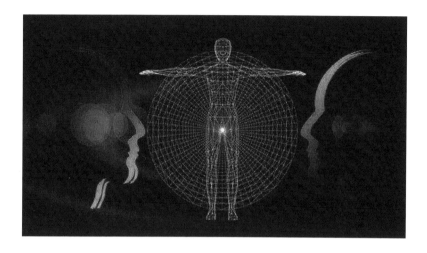

In den vorangegangenen Kapiteln haben Sie gelernt, was dunkle Manipulation ist, die Elemente der dunklen Psychologie, die Techniken der dunklen psychologischen Manipulation sowie die Auswirkungen der dunklen Psychologie. Daher ist dieses Kapitel dazu bestimmt, Ihnen beizubringen, wie Sie sich gegen die verschiedenen Formen der dunklen Psychologie schützen können. Um Ihnen zu helfen, diese Informationen richtig und leicht zu verdauen, werde ich erklären, wie Sie sich gegen die drei Hauptelemente der dunklen Psychologie schützen können.

Sich selbst vor Narzissmus schützen

Obwohl Sie vielleicht nicht in der Lage sind, einen narzisstischen Wutanfall zu unter Kontrolle zu bringen oder vorherzusagen, können Sie auf jeden Fall lernen, wie Sie sich vor seinen böswilligen Auswirkungen schützen können. So können Sie durch die unten beschriebenen Möglichkeiten lernen, die Angriffe eines Narzissten zu bekämpfen, bevor sie Ihr Selbstwertgefühl zerstören.

Lassen Sie uns also zur Sache kommen.

Erkennen Sie, dass es in Ordnung ist, sich zu schützen: Der erste Schritt, um sich vor narzisstischen Angriffen zu schützen, besteht darin, zu erkennen, dass Sie ein Recht darauf haben, sich selbst schützen zu wollen. Unabhängig davon, wer der Narzisst für Sie ist, unabhängig davon, wie lange Sie schon mit ihm zusammen sind, müssen Sie verstehen, dass es nichts Schlechtes ist, sich selbst schützen zu wollen.

Sie müssen verstehen und daran glauben, dass niemand das Recht hat, Ihre Bemühungen zu untergraben, noch hat jemand das Recht, Sie ständig traurig, wütend oder unglücklich zu machen. Sie müssen erkennen, dass Sie sich nicht mit verletzenden und bösartigen Verhaltensweisen abfinden müssen. Der Wunsch nach Frieden und Ruhe in Ihrem Leben ist nichts Schlechtes; deshalb müssen Sie bereit sein, für Ihren Frieden zu kämpfen. Sie müssen sich vor Augen halten, dass niemand außer Ihnen für Ihren Schutz kämpfen kann.

Lernen Sie, den Narzissten und seine narzisstischen Handlungen zu ignorieren: Eine Lieblingstaktik des Narzissten ist es, Sie in sinnlose Konflikte mit ihm hineinzuziehen. Wenn Sie sich auf einen Narzissten einlassen, begeben Sie sich automatisch auf sein Niveau und spielen sein Spiel mit. Da sie Experten in ihren heimtückischen Spielen sind, können Sie nie die Oberhand gewinnen, wenn Sie sich auf sie einlassen. Auf ihr passiv-aggressives Verhalten oder andere fiese Taktiken zu reagieren, zieht Sie nur in ihr bösartiges Spiel hinein, und genau das ist es, worauf ein Narzisst immer aus ist. Vielleicht haben Sie schon einmal den Satz "Es gehören immer zwei dazu, um Tango zu tanzen" gehört. Wenn Sie sich auf ihre narzisstischen Spiele einlassen, bedeutet das, dass Sie sich entscheiden, bei ihrem narzisstischen Tanz mitzumachen. Wenn sie Sie also erfolgreich in ihre Kämpfe hineinziehen, haben sie am Ende die Kontrolle; und diese Kontrolle ist das ultimative Ziel eines Narzissten.

Deshalb ist es am besten, wenn Sie lernen, Narzissten und ihre bösartigen Taktiken zu ignorieren; lernen Sie, ihre krampfhaften Versuche zu ignorieren, Sie zu erniedrigen oder Sie anderweitig in ihr Netz der Bosheit hineinzuziehen. Sie haben wahrscheinlich auch schon das Sprichwort "Unglück liebt Gesellschaft" gehört, dies gilt besonders für einen Narzissten. Narzissten sind von Natur aus unglückliche Menschen und sie verfolgen jede Gelegenheit, Sie zu zwingen, sich ihrem Elend anzuschließen. Wenn Sie also mit einem Narzissten konfrontiert werden, lassen Sie sich niemals auf ihn ein, sondern lernen Sie, ihn völlig zu ignorieren. Je mehr Sie die narzisstischen Angriffe eines Narzissten ignorieren, desto weniger neigt er dazu, Sie anzugreifen – weil er merkt, dass "Sie keinen Spaß machen". Umgekehrt gilt: Je mehr Sie sich auf einen Narzissten einlassen, desto mehr neigt er dazu, Sie weiter anzugreifen.

Weigern Sie sich, den Köder zu schlucken: Manchmal reicht es nicht aus, einen Narzissten einfach zu ignorieren, da er höchstwahrscheinlich anfangen wird, verschiedene Taktiken auszuprobieren, nur um Sie zu provozieren – um Sie dazu zu bringen, sich mit ihm zu beschäftigen. Hier kommt Ihr Sinn für Entschlossenheit ins Spiel, Sie müssen sicherstellen, dass Sie weiterhin alle Köder ignorieren, die er Ihnen zuwirft. Sie müssen die Köder eines Narzissten als Landminen betrachten. Was tun Sie, wenn Sie auf eine Landmine stoßen? Natürlich gehen Sie um sie herum!

Ein Narzisst weiß, wie er seine Köder wie Landminen auslegt, er legt sie aus und wartet geduldig darauf, dass Sie auf sie treten, indem er sie angreift. Daher müssen Sie lernen, ihren Ködern auszuweichen, und Sie müssen lernen, so fest in Ihrer Überzeugung zu sein, dass der Narzisst schließlich zu der Erkenntnis kommt, dass er keine Kontrolle über Sie und Ihr Leben hat.

Nehmen Sie ihre Köder nicht an und treten Sie sich nicht auf die Landminen, die sie für Sie legen. Selbst wenn sie alte Konflikte wieder hochbringen – wozu Narzissten neigen – ignorieren Sie sie! Lassen Sie sich nicht zum Opfer ihrer

Machenschaften machen – hören Sie auf, ihnen die Macht zu geben, Ihnen auf Abruf das Glücksgefühl zu nehmen.

Ziehen Sie Ihre Grenzen und halten Sie sie ein: Das Abstecken und Aufrechterhalten von Grenzen ist sehr nützlich, wenn Sie versuchen, sich vor narzisstischen Manipulationen zu schützen. Daher müssen Sie sich die Zeit nehmen, Ihre Grenzen ausdrücklich festzulegen. Zum Setzen von Grenzen gehört, dass Sie entscheiden, was Sie akzeptieren können und was nicht, und dies dem Narzissten sehr deutlich machen. Natürlich mögen Narzissten keine Grenzen, weil diese für sie wie ein Zaun sind, der sie davon abhält, Ihren Frieden und Ihr Glück zu verletzen – dies ist ein Grund mehr für Sie, diese Grenzen zu ziehen.

Denken Sie darüber nach, was Sie akzeptieren können und was nicht, nehmen Sie sich die Zeit, die Dinge zu betrachten, die Sie bereit sind, in Ihrem Leben zu akzeptieren, und notieren Sie dann die Aspekte, die für Sie die Grenze überschreiten. Achten Sie darauf, was Sie sich von Ihrem Leben wünschen und wie Sie von anderen behandelt werden wollen, damit Sie die Zeit mit ihnen genießen können, und fügen Sie dann all dies zusammen, um eine realistische Grenze zu ziehen, die den narzisstischen Manipulator in Schach hält.

Beachten Sie jedoch, dass es nicht ausreicht, Grenzen zu ziehen, Sie müssen sie auch konsequent durchsetzen. Wenn Sie das Gefühl haben, dass der Narzisst bereits seine Grenzen überschreitet, müssen Sie ihm das explizit sagen und ihm klar machen, dass Sie so etwas nicht akzeptieren.

Ziehen Sie Ihre Entscheidungen immer durch: Wie ich bereits erwähnt habe, reicht es nicht immer aus, einem Narzissten Ihre Grenzen mitzuteilen, Sie müssen sie auch durchziehen, indem Sie Ihre Grenzen aktiv durchsetzen. Das Einzige, was ein Narzisst versteht, sind Taten, für ihn zählen Taten mehr als Worte. Daher ist es notwendig, dass Sie die Entscheidungen, zu denen Sie sich entschlossen haben, auch durchziehen, wenn Ihre Grenzen überschritten werden. Das ist zwar nicht einfach, aber es ist notwendig, dass Sie sich durchsetzen, obwohl Sie es vorziehen würden, eine Verletzung Ihrer Grenzen unwidersprochen durchgehen zu lassen.

Wenn Sie sich jemals in einer Konfrontation mit einem Narzissten wiederfinden, sagen Sie ihm einfach, dass das

Gespräch beendet ist, und gehen Sie dann weg; geben Sie nicht nach, wenn er Sie hartnäckig bedrängt oder verzweifelt versucht, die Kontrolle über Sie zu gewinnen. Ziehen Sie die Entscheidungen durch, die Sie treffen, und treten Sie für Ihre eigenen Bedürfnisse ein, anstatt immer seinem verletzten Stolz nachzugeben.

Denken Sie daran, dass Sie keine Antworten geben müssen und sich auch nicht rechtfertigen müssen. Sie müssen ihnen nicht einmal zuhören. Es gibt kein niedergeschriebenes Gesetz, das besagt, dass Sie auf persönliche Angriffe von anderen Menschen eingehen müssen – egal, wer sie für uns sind.

Wenn Sie Freiraum brauchen, suchen Sie sich Freiraum. Wenn Sie einem Narzissten sagen, dass ein weiterer Angriff dazu führen wird, dass Sie Ihre Beziehung beenden, dann tun Sie es, trennen Sie sich von ihm. Denken Sie daran, dass Ihre Grenzen nur so gut sind wie die Maßnahmen, die Sie ergreifen, um sie zu schützen, und ein Narzisst muss in der Lage sein, das aus großer Distanz zu erkennen.

Verstehen und akzeptieren Sie, dass Sie nicht dafür verantwortlich sind, wie es ihnen geht: Sie müssen sich ständig daran erinnern, dass Sie nicht für die psychische Störung einer narzisstischen Person verantwortlich sind. Machen Sie sich klar, dass ihr heimtückisches und bösartiges Verhalten ganz und gar aus ihrer Eigenart heraus entsteht und in keiner Weise mit Ihnen zu tun hat. Sie sind nicht dafür verantwortlich, wie eine narzisstische Person sich entscheidet, sich zu verhalten.

In dem Moment, in dem Narzissten sich entscheiden, Sie zu verletzen, hören Sie auf, für sie verantwortlich zu sein. Sie sind nicht für ihre verletzenden Handlungen verantwortlich, und Sie sollten nicht versuchen, sich selbst zu belasten, indem Sie sich Sorgen machen, dass Sie derjenige sein könnten, der sie dazu bringt, sich so zu verhalten, wie sie sich verhalten. Eine narzisstische Person möchte Ihnen die Schuld für ihre Handlungen geben, aber Sie sollten niemals irgendeine Schuld für ihre narzisstischen Handlungen annehmen.

Die Probleme, die eine narzisstische Person hat, sind nicht Ihre Schuld, und letztlich sind sie auch nicht Ihr Problem. Mitgefühl für jemanden zu haben, bedeutet nicht, dass Sie seinen Schmerz und seine Probleme auf sich nehmen sollten. Lernen

Sie, sich von seinem Verhalten zu distanzieren und verstehen Sie, dass seine Ausbrüche nur mit ihm selbst zu tun haben und nur wenig mit Ihnen.

Erkennen Sie, wann es an der Zeit ist, sich zu trennen: Unabhängig davon, wie sehr Sie sich um eine narzisstische Person sorgen, müssen Sie erkennen, dass Narzissmus eine psychologische Störung ist, die von einem Psychiater behandelt werden muss. Wenn Sie kein Psychiater sind, kann das ständige Ertragen von narzisstischen Angriffen und Manipulationen Sie letztendlich auslaugen und kaputt machen. Daher ist es wichtig zu wissen, wann man eine narzisstische Beziehung loslassen sollte.

Natürlich hat jede Beziehung ihre Höhen und Tiefen; wenn jedoch die "Tiefen" beginnen, die "Höhen" deutlich zu übersteigen, ist es wahrscheinlich an der Zeit, sich aus einer solchen Beziehung zu lösen. Wenn Sie sich in einer Beziehung ständig manipuliert, kontrolliert, bedroht und missbraucht fühlen, ist es wahrscheinlich an der Zeit, sich zu schützen, indem Sie sie verlassen!

Sich selbst vor Machiavellismus schützen

Die beste Art und Weise, sich vor den Einflüssen des Machiavellismus zu schützen, ist, sich darüber zu informieren – und ich habe bereits in Kapitel zwei erklärt, was es mit dem Machiavellismus auf sich hat. Daher werde ich nun Möglichkeiten aufzeigen, durch die Sie sich vor Machiavellisten und ihren manipulativen Handlungen schützen können.

Ziehen Sie Grenzen und halten Sie sie ein: Wie bei jedem Aspekt der dunklen Psychologie liegt der erste Schritt, sich zu schützen, darin, solide Grenzen zu setzen und diese Grenzen durchzusetzen. Wie man das macht, habe ich bereits besprochen; ich brauche mich also nicht zu wiederholen. Das Wichtigste beim Schaffen von Grenzen ist jedoch, dass Sie sie auch durchsetzen müssen. Grenzen zu setzen, ohne sie durchzusetzen, macht Ihre Grenzen bedeutungslos. Wenn Sie also Grenzen gegen Machiavellisten schaffen, müssen Sie sicherstellen, dass Sie diese Grenzen auch durchsetzen, da sie sonst nicht den Zweck erfüllen, Sie vor den manipulativen Handlungen von Machiavellisten zu schützen.

Akzeptieren Sie die Realität ihres Charakters und ihres Verhaltens: Es liegt in der Natur von Machiavellisten, betrügerisch und manipulativ zu sein. Die Manipulation von Menschen zu ihrem eigenen egoistischen Vorteil wird von Machiavellisten nicht als falsch angesehen – und deshalb funktioniert es nicht, sie von einem moralischen Standpunkt aus zu tadeln.

Daher müssen Sie die Realität ihres manipulativen Charakters akzeptieren, besonders wenn sie jemals versucht haben, Sie zu manipulieren. Wenn Sie schon dreimal von einer Person betrogen wurden, dann ist das ein starkes Indiz dafür, dass sie kein Gewissen hat und machiavellistische Tendenzen besitzt. Da Täuschung der Dreh- und Angelpunkt von gewissenlosem Verhalten ist, müssen Sie die Tatsache akzeptieren, dass sich eine solche Person niemals ändern wird. Daher müssen Sie sich damit abfinden, dass dies die Art von Mensch ist, die sie sind.

Lernen Sie, mit Ihren Schwachstellen umzugehen: Wenn Sie bemerkt haben, dass Sie dazu neigen, immer das Beste in den Menschen zu suchen, müssen Sie sich ständig daran erinnern, dass Machiavellisten dazu neigen, Menschen auszunutzen, die immer glauben, dass alle gut sind. Wenn Ihnen aufgefallen ist, dass Sie dazu neigen, Menschen gegenüber übermäßig mitfühlend zu sein – insbesondere Menschen, die Sie nicht kennen -, müssen Sie sich bewusst machen, dass ein Machiavellist davon lebt, verständnisvolle Menschen auszunutzen. Grundsätzlich müssen Sie sich über alles im Klaren sein, was Sie verwundbar und anfällig für die manipulativen Handlungen eines Machiavellisten machen könnte, und daran arbeiten, dass diese Verwundbarkeit nicht von einem Machiavellisten ausgenutzt wird.

Widerstehen Sie dem Versuch, sie mit ihren eigenen Waffen zu schlagen: Es liegt in unserer Natur zu denken, dass wir bestimmte Menschen überlisten können. Das mag zwar bis zu einem gewissen Grad wahr sein, aber es ist fast unmöglich, einen Machiavellisten in seinem Spiel der Manipulation zu schlagen. Machiavellisten sind Experten in ihren Spielen; daher wird der Versuch, sie zu überlisten, wahrscheinlich dazu führen, dass sie ihre eigenen Bemühungen, Sie zu manipulieren, noch verstärken. Versuchen Sie niemals, Machiavellisten hinter Licht zu führen; wenn Sie das versuchen, könnten Sie am Ende mehr ausbaden, als Sie erwartet haben.

Erzielen Sie Win-Win-Ergebnisse: Im Gegensatz zu Narzissten haben Machiavellisten nicht das Bedürfnis, bei ihren Manipulationsversuchen Überlegenheit zu beweisen. Alles, worauf ein Machiavellist aus ist, ist, ein positives Ergebnis für sich selbst zu erzielen; wenn Sie also der Forderung eines Machiavellisten nachgeben wollen, sorgen Sie dafür, dass Sie auch ein positives Ergebnis für sich selbst erzielen. Wenn ein Machiavellist zum Beispiel verlangt, dass Sie ihm helfen, seinen Teil der Arbeit zu erledigen, können Sie ihm sagen, dass Sie seiner Forderung nur zustimmen, wenn er auch bereit ist, etwas für Sie zu tun. Die meisten Machiavellisten werden sich auf diesen Austausch einlassen, da er für sie absolut nachvollziehbar ist. Daher ist das Herstellen einer Win-Win-Situation für Sie und den Machiavellisten eine der Möglichkeiten, wie Sie sich davor schützen können, von ihm ausgenutzt zu werden.

Verbringen Sie weniger Zeit mit ihnen: Wie bei jedem schlechten Einfluss gilt: Je weniger Zeit Sie in der Nähe von

Machiavellisten verbringen, desto weniger werden sie in der Lage sein, Sie manipulativ auszunutzen.

Sich selbst vor Psychopathie schützen

Wie Sie in einem vorhergehenden Kapitel erfahren haben, ist Psychopathie eine psychische Störung und Menschen, die daran leiden, sind in der Regel unmoralisch veranlagt. Das bedeutet, dass ein Psychopath seine bösartigen Handlungen niemals als richtig oder falsch ansieht; daher sind sie in der Lage, das zu tun, was einige Anhänger der dunklen Psychologie als moralisch falsch ansehen würden. Von allen drei Merkmalen der Dunklen Triade sind Menschen mit psychopathischen Zügen in der Regel die gefährlichsten.

Im Folgenden sind einige Möglichkeiten aufgeführt, wie Sie sich vor Psychopathen schützen können:

Fliehen: Es versteht sich von selbst, dass der erste Schritt, um sich vor Psychopathen zu schützen, darin besteht, sich so weit wie möglich von ihnen zu entfernen. Sie sollten akzeptieren, dass manche Menschen einfach nur schlecht sind – denn es liegt in ihrer Natur, so zu sein. Das gilt besonders für

Psychopathen, sie bedeuten einfach nichts Gutes und sobald Sie die Anzeichen von Psychopathie bei einer Person bemerken, unternehmen Sie Ihr Bestes, um sich von einer solchen Person zu entfernen.

Setzen Sie Grenzen: Zugegeben, manchmal stellt Weglaufen vielleicht keine Möglichkeit dar, die Sie sich leisten können. Zum Beispiel kann es sich ein Teenager, der mit einem psychotischen Elternteil zusammenlebt, nicht leisten, von diesem Elternteil wegzulaufen, da er sich immer noch auf sie verlässt, wenn es um sein Wohlergehen geht. In einem solchen Fall ist die nächstbeste Möglichkeit, sich zu schützen, das Setzen von Grenzen zwischen Ihnen und der psychopathischen Person. Setzen Sie diese Grenzen und lassen Sie die Person wissen, welche Konsequenzen es hat, wenn sie ihre Grenzen überschreitet. Wenn Sie zum Beispiel nicht vor einem gewalttätigen Psychopathen fliehen können, lassen Sie ihn wissen, dass Sie das nächste Mal, wenn er versucht, Sie zu verletzen, die Polizei auf ihn hetzen werden.

Wie ich schon früher im Buch erwähnt habe, liegt der wichtigste Aspekt von Grenzen nicht darin, dass Sie sie setzen, sondern darin, dass Sie sie durchsetzen.

Unterlassen Sie es, sich mit ihnen zu streiten: Was auch immer Sie tun, verwickeln Sie einen Psychopathen niemals in einen Streit. Psychopathen in einen Streit zu verwickeln dient nur einem Zweck: der Eskalation. Und aufgrund der unvorhersehbaren Natur von Psychopathen wissen Sie nie, was für sadistische Dinge sie tun, sobald ein Streit mit ihnen eskaliert. Anstatt sich also auf sie einzulassen, verlassen Sie einfach den Ort des Geschehens, bis sie sich schließlich beruhigt haben.

Sich selbst vor Gaslighting schützen

Die Wirksamkeit von Gaslighting liegt darin, dass das Opfer nicht weiß, dass es unter Gaslighting steht. Und das liegt daran, dass die meisten Menschen die Anzeichen von Gaslighting nicht erkennen können. Das ist jedoch kein Problem für Sie, denn ich habe in diesem Buch ausführlich über die Anzeichen von Gaslighting geschrieben. Sobald Sie also Anzeichen von

Gaslighting bei einer Ihnen nahestehenden Person bemerken, verleugnen Sie dies nicht, sondern vertrauen Sie Ihren Instinkten und schützen Sie sich durch die unten beschriebenen Maßnahmen.

Dokumentieren Sie alles, was Sie können: Das letztendliche Ziel eines Gaslighters ist es, Ihren Realitätssinn so weit zu verzerren, dass Sie sich auf Ihre Erinnerungen nicht mehr verlassen können. Die beste Möglichkeit, sich dagegen zu schützen, ist daher, alles zu dokumentieren, was Sie können. Sie können dies tun, indem Sie ein geheimes Tagebuch führen, in dem Sie die Ereignisse des Tages in Ihren eigenen Worten festhalten. Das Führen eines Tagebuchs ermöglicht es Ihnen, die Ereignisse zu verfolgen, einschließlich des Datums, der Uhrzeit und der Details des Geschehens. Sie können auch Fotos als zusätzlichen Beweis für ein Ereignis machen; dies hilft Ihnen, Ihre Erinnerungen zu überprüfen und erinnert Sie daran, dass Sie sich die Dinge nicht einbilden, auch wenn der Gaslighter das behauptet. Sie können auch versuchen, Sprachnotizen aufzubewahren; dies ist besonders nützlich, wenn Sie nicht die Zeit oder die Kraft haben, am Ende jedes Tages in Ihr Tagebuch zu schreiben.

Das Protokollieren dieser Ereignisse reicht nicht aus, Sie müssen dafür sorgen, dass Sie Ihre Aufnahmen an einem Ort aufbewahren, zu dem der Gaslighter niemals Zugang hat. Sie können sogar noch einen Schritt weiter gehen, indem Sie Kopien Ihrer Aufzeichnungen an einen vertrauenswürdigen Freund oder ein Familienmitglied schicken, sodass Sie für den Fall, dass der Gaslighter Ihr Versteck mit den Beweisen findet und sie vernichtet, ein Backup haben, auf das Sie zurückgreifen können.

Halten Sie etwas Abstand und schätzen Sie Ihre Position ein: Eine weitere Möglichkeit, sich vor einem Gaslighter zu schützen, besteht darin, etwas Abstand zu ihm zu halten. Dann müssen Sie abwägen, ob die Beziehung, die Sie mit dem Gaslighter haben, es wert ist, aufrecht erhalten zu werden. Wenn Ihre Beziehung zu einem Gaslighter Ihnen mehr Kummer als Freude bereitet, sollten Sie eine solche Beziehung wohl eher verlassen. Eine Beziehung, in der sowohl Ihr Selbstwertgefühl als auch Ihr Realitätssinn ständig angegriffen werden, ist vergiftet und es ist nicht gesund für Sie, darin zu bleiben.

Erstellen Sie einen Sicherheitsplan: Ein Teil des Schutzes vor den heimtückischen Eskapaden des Gaslighting besteht darin, einen Sicherheitsplan zu erstellen, um sich aus Situationen zu befreien, die zu belastend sind. Ihr Sicherheitsplan kann beinhalten, dass Sie Sicherheitsorte und Fluchtpunkte haben, d.h. Orte, an die Sie flüchten können, wenn Sie das Gefühl haben, dass ein Gaslighter anfängt, Sie zu bedrängen.

Erkennen Sie, dass es bei dem Verhalten des Gaslighters nicht um Sie geht: Sie müssen begreifen, dass es beim Gaslighting in der Regel nicht um das Opfer geht, sondern um den Wunsch des Gaslighters nach Macht und Kontrolle. Ich glaube, Sie wissen inzwischen, dass Gaslighter fast immer Narzissten sind. Narzisstischen Gaslightern fehlt es an Selbstvertrauen, und sie neigen dazu, sich selbst als fehlerhaft und unsicher zu empfinden; um ihre Unsicherheiten zu überdecken, versuchen sie daher, die Menschen in ihrer Umgebung zu kontrollieren. Für sie ist dies die einzige Möglichkeit, ihre Überlegenheit zu beweisen.

Daher ist es wichtig, dass Sie verstehen, dass es beim Gaslighting nicht um Sie geht, sondern um das Bedürfnis, die eigene tiefsitzende Unsicherheit zu überwinden. Sie werden seine Motive und seine Persönlichkeit vielleicht nie verstehen, aber Sie müssen sich darüber im Klaren sein, dass sein Problem nicht Ihr Problem ist und dass Sie letztlich nicht dafür verantwortlich sind, zu versuchen, ihn zu retten oder zu ändern.

Bauen Sie ein Unterstützungssystem auf: Der Umgang mit den manipulativen Eskapaden eines Gaslighters kann für Sie zu anstrengend werden, um allein damit zurechtzukommen. Deshalb müssen Sie ein Unterstützungssystem aufbauen, das Sie an Tagen unterstützt, an denen Sie sich zu erschöpft fühlen, um mit Ihren Gaslighting-Problemen allein fertig zu werden. Ihr Unterstützungssystem kann aus verständnisvollen Familienmitgliedern oder vertrauenswürdigen Freunden oder sogar einem Therapeuten bestehen. Manchmal kann es sehr hilfreich sein, jemanden zum Reden zu haben, um mit den psychologischen Manipulationen eines Gaslighters umzugehen. Außerdem hilft es Ihnen, von Ihrem Unterstützungssystem Rückmeldung über Ihre Wahrnehmungen zu bekommen, damit Sie sich nicht verrückt fühlen. Sprechen Sie mit ihnen über Ihre Wahrnehmungen und bitten Sie sie um ihre objektiven Beobachtungen. Wenn objektive Menschen Ihnen sagen, dass Ihre Gefühle und Beobachtungen berechtigt sind, fällt es Ihnen leichter, an Ihrer eigenen Realität festzuhalten, wenn ein Gaslighter das nächste Mal versucht, Sie an Ihrem Realitätssinn zweifeln zu lassen.

Versuchen Sie eine Therapie und/oder Beratung: Manchmal, besonders wenn Sie schon lange mit Gaslighting zu tun haben, fällt es Ihnen vielleicht schwer, dessen heimtückische Auswirkungen immer wieder in den Griff zu bekommen. Das liegt daran, dass die ständigen Angriffe eines Gaslighters dazu neigen, eine Person psychisch zu zermürben. Um Ihre psychische Gesundheit zu schützen, ist es daher ratsam, eine Beratung bei einem Therapeuten zu suchen. Betrachten Sie das Eingestehen Ihrer Probleme gegenüber einem Therapeuten, Berater oder sogar Psychologen nicht als ein Zeichen von Schwäche. Diese Menschen sind am besten dafür geeignet, Menschen wie Ihnen zu helfen, die mit manipulativen Menschen zu tun haben. Um sich von den manipulativen Eskapaden eines Gaslighters zu erholen, brauchen Sie einen Fachmann, der Ihnen hilft, Ihre Gedanken und Gefühle zu verarbeiten – und eine Therapie ist der beste Weg, das zu tun.

Sich selbst vor Gehirnwäsche schützen

Das letztendliche Ziel einer Gehirnwäsche ist es, den logischen, rational denkenden Teil einer Person zu zerstören, sodass eine solche Person gefühlsgesteuert werden kann. Wovon eine Person emotional getrieben wird, hängt davon ab, worüber sie einer Gehirnwäsche unterzogen wird.

Um sich davor zu schützen, einer Gehirnwäsche ausgesetzt zu werden, müssen Sie die verschiedenen Taktiken kennen, die Gehirnwäscher anwenden. Die Kenntnis dieser Methoden wird Ihnen helfen, die verschiedenen Möglichkeiten zu erkennen, wie Sie Opfer einer Gehirnwäsche werden können.

Machen Sie sich klar, dass Gehirnwäscher auf bestimmte Menschen abzielen: Nicht jeder kann leicht einer Gehirnwäsche unterzogen werden, aber es gibt bestimmte Menschen, die leichter einer Gehirnwäsche unterzogen werden können als andere, und das sind die Menschen, nach denen Gehirnwäscher ständig Ausschau halten. Gehirnwäscher neigen dazu, Menschen ins Visier zu nehmen, die gerade eine schwierige Phase in ihrem Leben durchmachen. Dazu gehören

Menschen, die vor kurzem ihren Job verloren haben, Menschen, die vor kurzem eine schmerzhafte Scheidung durchgemacht haben, Menschen, die vor kurzem einen geliebten Menschen verloren haben, Menschen, die an einer unheilbaren Krankheit leiden und so weiter. Gehirnwäscher neigen dazu, diese Art von Menschen aufzusuchen, weil sie wissen, dass die emotionalen Barrieren zu diesem Zeitpunkt niedrig sind; daher ist es normalerweise einfach, solche Menschen zu manipulieren und einer Gehirnwäsche zu unterziehen.

Um sich davor zu schützen, müssen Sie sich vor jedem Fremden in Acht nehmen, der während Ihres Tiefpunkts in Ihr Leben tritt. Oftmals kommen solche Menschen mit ihren eigenen versteckten Absichten in Ihr Leben. Sie wissen, dass sie leicht an Sie herankommen können, denn Menschen, die schwierige Phasen in ihrem Leben durchmachen, haben normalerweise eine geringere emotionale Abwehrkraft. Wenn Sie also eine schwierige Zeit durchmachen, ist es besser, Trost bei jemandem zu finden, den Sie kennen und dem Sie vertrauen, z. B. bei einem Familienmitglied oder einem vertrauten Freund, als sich einem völlig Fremden zu öffnen, der vielleicht nicht Ihr Bestes im Sinn hat.

Seien Sie misstrauisch gegenüber Menschen, die versuchen, Sie zu isolieren: Wie ich bereits in einem früheren Kapitel erwähnt habe, muss die Gehirnwäsche an einem abgeschiedenen und isolierten Ort stattfinden, da es nahezu unmöglich ist, dass jemand Sie einer Gehirnwäsche unterzieht, wenn Sie von Menschen umgeben sind, die sich um Sie sorgen.

Inzwischen wissen Sie, dass der Arbeitsstil von Gehirnwäschern darin besteht, Menschen anzusprechen, die emotional schwierige Zeiten durchmachen. Nachdem sie solche Menschen identifiziert haben, wird im nächsten Schritt versucht, diese Menschen von Menschen zu isolieren, die sich um sie sorgen. Daher sollten Sie sich vor Leuten in Acht nehmen, die Sie an abgelegene Orte einladen, fern von Menschen, die Sie kennen. Wenn Sie merken, dass jemand – vor allem jemand, den Sie nicht wirklich kennen – versucht, Sie von anderen Menschen zu isolieren – vor allem, wenn Sie emotional niedergeschlagen sind – entfernen Sie sich so schnell wie möglich von dieser Person, da sie möglicherweise versucht, Ihre emotionale Verwundbarkeit auszunutzen.

Hüten Sie sich vor Menschen, die versuchen, Ihre Persönlichkeit zu verändern: Wie ich bereits in einem früheren Kapitel erwähnt habe, muss der Gehirnwäscher das Selbstbild des Opfers vollständig zerstören, damit er das Opfer in seinem gewünschten Bild wieder aufbauen kann. Ohne die Identität des Opfers zu zerstören, fällt es dem Gehirnwäscher schwer, mit dem Prozess der Gehirnwäsche fortzufahren. Daher müssen Sie sich vor Menschen in Acht nehmen, die Anzeichen dafür zeigen, dass sie versuchen, Ihre Persönlichkeit zu ersetzen.

Achten Sie auf Personen, die versuchen, Sie mit allen Mitteln dazu zu bringen, sich einer Gruppe anzuschließen: Eine der Taktiken von Gehirnwäschern ist es, ihre Opfer in Gruppen zu locken, die mit denselben Ideologien und Werten arbeiten, die sie Ihnen durch eine Gehirnwäsche eintrichtern wollen. Auf diese Weise bereiten Gehirnwäscher ihre Opfer auf den letztendlichen Prozess der Gehirnwäsche vor. Sie wissen, dass, sobald sie Sie dazu bringen, ihrer Gruppe oder Sekte beizutreten, Sie ihren Doktrinen und Ideologien ausgesetzt werden, und nach dieser Aussetzung ist es normalerweise einfach, den Gehirnwäscheprozess bei Ihnen zu beginnen.

Alles, was sie an diesem Punkt tun müssen, ist einfach vorzuschlagen, dass die Gruppe an einem abgelegenen Ort eine "Klausur" abhält.

Normalerweise ist es für eine emotional starke Person leicht, dieser Taktik zu widerstehen, aber Sie wissen inzwischen, dass es Gehirnwäscher nicht auf emotional starke Menschen abgesehen haben, sondern auf emotional schwache Menschen. Diese Gruppen werden in der Regel von charismatischen Anführern betrieben, die jahrelange Erfahrung darin haben, "Menschen für ihre Sache zu bekehren". Und wenn Sie den emotional schwachen Zustand eines Opfers mit dem charismatischen Einfluss eines Sektenführers kombinieren, erkennen Sie, dass diese Opfer kaum eine Chance haben, der Manipulation zu widerstehen.

Um sich also vor dieser Taktik der Gehirnwäsche zu schützen, akzeptieren Sie niemals, zu einem Sektentreffen zu gehen, wenn Sie emotional niedergeschlagen sind. Halten Sie sich von Menschen fern, die beharrlich versuchen, Sie dazu zu bringen.

Erkennen Sie sich selbst: Es ist schwierig für Sie, einer Gehirnwäsche unterzogen zu werden, wenn Sie genau wissen, wer Sie sind und wofür Sie stehen. Oftmals sind Menschen, die eine Identitätskrise durchmachen, die perfekten Opfer für Gehirnwäscher. Je besser Sie sich selbst kennen und je fester Sie an Ihre Werte und Ideologien glauben, desto weniger anfällig sind Sie für die Einflüsse der Gehirnwäsche.

Umgeben Sie sich mit Menschen, die sich um Sie kümmern: Wie ich bereits erwähnt habe, können Sie nur in Isolation erfolgreich einer Gehirnwäsche unterzogen werden. Daher müssen Sie sicherstellen, dass Sie sich nicht von Menschen isolieren, die sich um Sie sorgen. Isolation führt natürlich zu einer Menge negativer emotionaler Gefühle wie übermäßiges Grübeln und Depressionen, und ein Gehirnwäscher kann diese negativen Gefühle ausnutzen, um Sie in den Prozess der Gehirnwäsche zu führen. Wenn Sie sich jedoch mit Menschen umgeben, die sich um Sie kümmern, wird es für einen Gehirnwäscher schwierig, Zugang zu Ihnen zu bekommen – und Sie einer Gehirnwäsche zu unterziehen.

Sich selbst vor emotionalen Erpressern schützen

Nachfolgend sind einige Möglichkeiten aufgeführt, wie Sie sich vor emotionalen Erpressern schützen können:

Ziehen Sie sie zur Rechenschaft: Stellen Sie einen emotionalen Erpresser immer zur Rede, wenn Sie feststellen, dass er versucht, Sie emotional zu manipulieren. Emotionale Erpresser sind es gewohnt, ihren Willen zu bekommen, und sie werden kaum auf ihre manipulativen Handlungen angesprochen. Deshalb müssen Sie lernen, ihnen die Stirn zu bieten und sie wissen zu lassen, dass sie Ihnen das Gefühl geben, sich unwohl und ausgenutzt zu fühlen. Sie werden vielleicht versuchen zu leugnen, dass das nicht ihre Absicht war oder dass Sie zu feinfühlig sind; wenn Sie sie jedoch zur Rede stellen, wissen sie, dass Sie ihren Tricks auf der Spur sind, und das veranlasst sie, es sich zweimal zu überlegen, bevor sie so etwas in Zukunft versuchen.

Entwickeln Sie eine starke Geisteshaltung: Eine der Möglichkeiten, sich vor emotionalen Erpressern zu schützen, besteht darin, Ihr seelisches Selbst zu stärken. Lassen Sie deren Beleidigungen oder Ausbrüche nicht an sich heran, geben Sie ihnen keine Chance, sich mit Ihnen geistig anzulegen. Nehmen Sie eine Position der gedanklichen Gleichgültigkeit gegenüber ihren Eskapaden ein. Je mehr Sie ihre Manipulationsversuche ignorieren, desto eher werden sie Sie als eine uneinnehmbare Festung ansehen. Und schließlich, wenn sie sehen, dass sie Sie nicht manipulieren können, werden sie den Versuch aufgeben.

Lassen Sie sich nicht mehr auf ihre Forderungen ein: Vielleicht haben Sie den Forderungen eines emotionalen Erpressers schon so lange nachgegeben, dass es mittlerweile wie selbstverständlich erscheint. Das ist jedoch alles Vergangenheit; in Zukunft müssen Sie aufhören, auf alle Forderungen des emotionalen Erpressers einzugehen. Sie müssen erkennen, dass emotionale Dominanz über eine andere Person keine Liebe oder Freundschaft ist. Sie haben es nicht verdient, ständig emotional erpresst zu werden. Deshalb müssen Sie dem emotionalen Manipulator zu verstehen geben, dass Sie sich von nun an darauf konzentrieren werden, das zu tun, was für Sie richtig ist und nicht für ihn. Unabhängig davon, welche Form der emotionalen Erpressung sie versuchen, bleiben Sie immer auf Ihrem Standpunkt.

Fazit

Herzlichen Glückwunsch, lieber Leser, Sie haben es bis zum Ende dieses Buches geschafft.

Ich glaube, dass Sie, nachdem Sie dieses Buch durchgelesen haben, eine Menge Nützliches über dunkle Psychologie gelernt haben.

Die hier verbreiteten Informationen sind nicht dazu gedacht, Ihnen beizubringen, wie Sie die dunkle Psychologie auf die Menschen um Sie herum anwenden können; nein, das ist nicht der Fall. Vielmehr sollen die Informationen in diesem Buch Ihnen helfen, das Konzept der dunklen Psychologie zu verstehen, ihre Techniken, ihre ruchlosen Auswirkungen, die Anzeichen dafür, dass Sie einer Form der Manipulation ausgesetzt sein könnten, und, was am wichtigsten ist, wie Sie sich vor dunkler psychologischer Manipulation schützen können.

Ich hoffe, dass die Lektüre dieses Buches Ihnen auf die eine oder andere Weise geholfen hat. Wenn ja, teilen Sie dieses Buch bitte mit Ihren Freunden und Ihrer Familie, damit auch sie von den darin enthaltenen Ausführungen profitieren können.

Denken Sie daran, dass jeder Mensch dunkle psychologische Tendenzen in sich trägt; was uns jedoch vom Rest trennt, ist unsere starke Entschlossenheit, nicht danach zu handeln. Geben Sie weiterhin Liebe an Menschen weiter, schützen Sie sich weiterhin vor Manipulatoren, teilen Sie weiterhin Wissen mit anderen, wie sie sich ebenfalls schützen können.

Bleiben Sie stark und geben Sie niemals einem Manipulator nach. Wenn Sie merken, dass Sie unter dem Druck von Manipulatoren zusammenbrechen, scheuen Sie sich nicht, sich an vertraute Freunde und geliebte Menschen zu wenden. Behalten Sie es nicht für sich, sondern lassen Sie Menschen, denen Sie wichtig sind, wissen, was Sie durchmachen! Manchmal kann allein das Gespräch mit vertrauten Freunden und geliebten Menschen Ihnen helfen, alles zu überwinden, was Sie gerade durchmachen.

Harold Fox